Découvrez l'histoire par les archives de presse

RETRONEWS

Le site de presse de la BnF

www.retronews.fr

ALMANACH-ALBUM

CHARIVARIQUE

DROLATIQUE, COMIQUE, HIPPIQUE ET CYNÉGÉTIQUE

1861

FÊTES	VOYAGES
PLAISIRS	SALONS
RÉGATES	VILLÉGIATURE
NATATION	THÉATRE
CHASSE	BALS
PATIN	CONCERTS
BAINS DE MER	COMMERCE
EAUX MINÉRLES	INDUSTRIE

Déménagement du grand Nadar de la rue Saint-Lazare
au Boulevard des Capucines, 35.

Prix : 5 francs.

PARIS

F. BRACKE, ÉDITEUR, RUE LAMARTINE, 34

AU BUREAU DE LA *FRANCE NAUTIQUE, GAZETTE DES PLAISIRS*

A Bruxelles, PARENT, éditeur,
17, Montagne de Sion.
A Londres, M. ONWHYN,
1 Catherine street, Strand.

EN FRANCE
CHEZ LES PRINCIPAUX LIBRAIRES.

A Amsterdam, KRAAY, libraire.
A St-Pétersbourg, ISSAKOFF, libraire.
A Moscou, URBAIN RENAUD, libraire.
A Constantinople, RUMEBE, libraire.

3705

NOUVEAU SYSTÈME
PORTE-BOUTEILLES EN FER
à chàssis mobiles
SE MONTANT ET SE DÉMONTANT A VOLONTÉ
et pouvant contenir des Bouteilles de toutes grosseurs

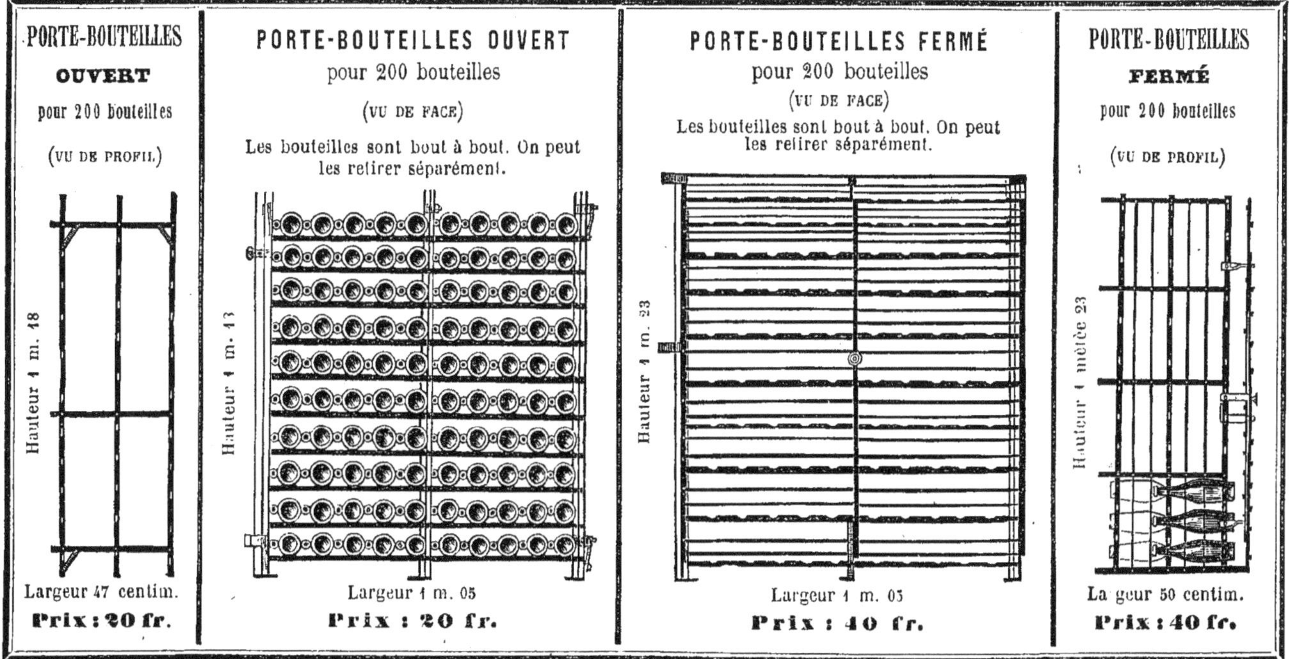

Médaille d'Argent à l'Exposition de Saint-Dizier — 1860

ÉMILE BARDOU

BREVETÉ S. G. D. G.

à Paris, Rue Neuve-des-Petits-Champs, 42

Les meubles de caves, dits **Porte-Bouteilles,** qui se sont faits jusqu'à ce jour, présentent des avantages qui ne peuvent être contestés. Cependant, quelle que soit la facilité de leur emploi, ils présentent certains inconvénients auxquels nous avons remédié.

En effet, la commodité extrême que possède ce nouveau système résulte surtout du mode d'agrégation des châssis qui le composent. Au lieu d'être assemblés à boulons, ils sont en quelque sorte articulés l'un sur l'autre au moyen d'un simple artifice de construction.

Avec cette disposition, le meuble se trouve dégagé du grave inconvénient d'exiger pour son montage et son démontage la main d'un ouvrier spécial, cette opération ne demandant que quelques minutes aux moins habiles.

La fermeture à coulisses, dont le mouvement s'opère de bas en haut, permet aussi, dans le local où doit séjourner le meuble, une distribution plus parcimonieuse de l'espace.

Enfin les prix d'acquisition sont bien inférieurs, ainsi qu'on peut s'en convaincre par l'examen du tarif ci-dessous.

Prix des Porte-Bouteilles fermés :						Prix des Porte-Bouteilles ouverts :					
Pour **100** bouteill. Haut. 1.23,	larg. 0.53,	épais. 0.50.	**20** fr.			Pour **100** bouteill. Haut. 1.18,	larg. 0.53,	épais. 0.47.	**10** fr.		
— **200** —	— 1.23	— 1.05	— 0.50.	**40**		— **200** —	— 1.18	— 1.05	— 0.47.	**20**	
— **300** —	— 1.75	— 1.05	— 0.50.	**60**		— **300** —	— 1.70	— 1.05	— 0.47.	**30**	

Les Ateliers sont à Sablonville-Neuilly.

ÉTRENNES ILLUSTRÉES DE LA FRANCE NAUTIQUE

GAZETTE DES PLAISIRS.

ALMANACH-ALBUM

CHARIVARIQUE

DROLATIQUE, COMIQUE, HIPPIQUE ET CYNÉGÉTIQUE

1861

FÊTES

PLAISIRS

RÉGATES

NATATION

CHASSE

PATIN

BAINS DE MER

EAUX MINÉRALES

VOYAGES

SALONS

VILLÉGIATURE

THÉATRE

BALS

CONCERTS

COMMERCE

INDUSTRIE

Déménagement du grand Nadar de la rue Saint-Lazare
au Boulevard des Capucines, 35.

Prix : 5 francs.

PARIS

F. BRACKE, ÉDITEUR, RUE LAMARTINE, 34

AU BUREAU DE LA *FRANCE NAUTIQUE, GAZETTE DES PLAISIRS*

A Bruxelles, PARENT, éditeur,
17, Montagne de Sion.

A Londres, M. ONWHVN,
1, Catherine street, Strand.

EN FRANCE
CHEZ LES PRINCIPAUX LIBRAIRES.

A Amsterdam, KRAAV, libraire.
A Saint-Pétersbourg, ISSAKOFF, libraire.
A Moscou, URBAIN RENAUD, libraire.
A Constantinople, RUMEBE, libraire.

PARIS. TYPOGRAPHIE DE HENRI PLON, IMPRIMEUR DE L'EMPEREUR, RUE GARANCIÈRE, 8.

1860

A LA FRANCE : Le premier rang parmi les nations.

A S. M. NAPOLÉON III : D'être compris par l'Europe.

A LA SCIENCE : Des découvertes utiles.

AUX ARTS : Des chefs-d'œuvre durables.

A NOS CRÉSUS : L'amour de l'humanité.

A NOS SOLDATS : Le repos après la victoire.

A NOTRE MARINE : Une année sans tempêtes.

A NOS AMIS : Le comble à leurs souhaits.

A NOS ENNEMIS : Le pardon de leurs offenses.

A NOS CONNAISSANCES : *Sanitas et otia, et cætera.*

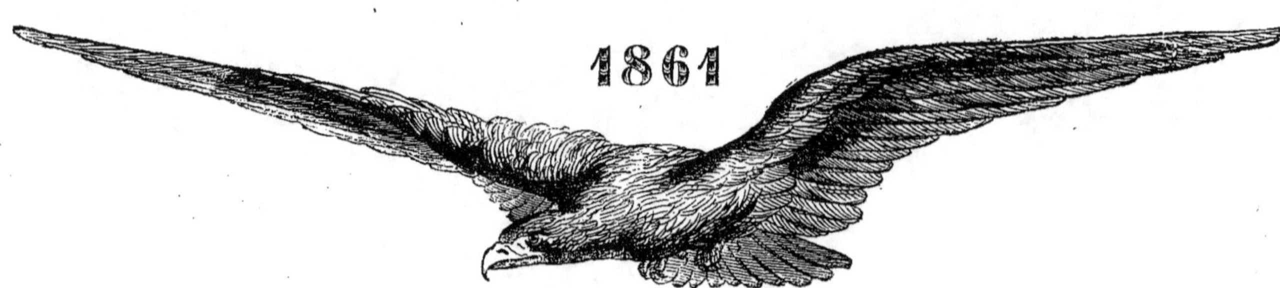

JANVIER		FÉVRIER		MARS		AVRIL		MAI		JUIN	
Les j. c. de 1 h. 6 m.		Les j. c. de 1 h. 32 m.		Les j. c. de 1 h. 50 m.		Les j. c. de 1 h. 42 m.		Les j. c. de 1 h. 19 m.		Les j. crois. de 19 m.	
1 m.	Circoncis.	1 v.	s. Ignace.	1 v.	s. Aubin.	1 l.	s. Hugues.	1 m.	s. Philippe.	1 s.	s. Thierri.
2 m.	s. Basile, év.	2 s.	*Purification.*	2 s.	s. Simplice.	2 m.	s. Fr. de P.	2 j.	s. Athanase.	2 D.	s. Potin.
3 j.	se Genevièv.	3 D.	s. Blais. *Sex.*	3 D.	se Cunég. *Oc.*	3 m.	s. Richard.	3 v.	Inv. Se Cr.	3 l.	se Clotilde.
4 v.	s. Rigobert.	4 l.	s. Gilbert.	4 l.	s. Casimir.	4 j.	s. Elphage.	4 s.	se Monique.	4 m.	s. Quirin.
5 s.	s. Siméon.	5 m.	se Agathe.	5 m.	s. Drausin.	5 v.	s. Ambroise.	5 D.	s. Augustin.	5 m.	s. Boniface.
6 D.	ÉPIPHANIE.	6 m.	s. Wast.	6 m.	se Collette.	6 s.	s. Prudent.	6 l.	s. J.P.-L. *Rog*	6 j.	s. Claude.
7 l.	s. Théaulon.	7 j.	s. Romuald.	7 j.	s. Thomas.	7 D.	s. Hég. *Quas.*	7 m.	s. Stanislas.	7 v.	s. Paul.
8 m.	s. Lucien.	8 v.	s. Jean. d.M.	8 v.	s. J. de D.	8 l.	*Annonciat.*	8 m.	s. Désiré.	8 s.	s. Médard.
9 m.	s. Furcy.	9 s.	se Apolline.	9 s.	se Françoise.	9 m.	se Marie Eg.	9 j.	ASCENSION.	9 D.	s. Prime.
10 j.	s. Paul, er.	10 D.	se Sch. *Quin*	10 D.	s. Tara. *Lœt.*	10 m.	se Azelie.	10 v.	s. Gordien.	10 l.	s. Landri.
11 v.	s. Théodose.	11 l.	s. Severin.	11 l.	40 Martyrs.	11 j.	s. Jules.	11 s.	s. Mamert.	11 m.	s. Barnabé.
12 s.	s. Arcade.	12 m.	se Eulal. *m. g*	12 m.	s. Pol, év.	12 v.	se Godeberte	12 D.	s. Porphyr:	12 m.	se Basilide.
13 D.	Bapt. N. S.	13 m.	*Cendres.*	13 m.	se Euphrasie	13 s.	s. Marcellin.	13 l.	s. Servais.	13 j.	s. Ant. d. P.
14 l.	s. Hilaire.	14 j.	s. Valentin.	14 j.	s. Lubin.	14 D.	s. Justin.	14 m.	s. Erambert.	14 v.	s. Ruffin.
15 m.	s. Maur.	15 v.	s. Faustin.	15 v.	s. Longin.	15 l.	s. Paterne.	15 m.	se Delphine.	15 s.	s. Modeste.
16 m.	s. Guillaum.	16 s.	s. Onésime.	16 s.	s. Cyriaque.	16 m.	s. Fructueux	16 j.	s. Honoré.	16 D.	s. Fargeau.
17 j.	s. Antoine.	17 D.	s. Sylv. *Qua.*	17 D.	*Passion.*	17 m.	s. Anicet.	17 v.	s. Pascal.	17 l.	s. Adolphe.
18 v.	C. s. Pierre.	18 l.	s. Siméon.	18 l.	s. Alexandre	18 j.	s. Parfait.	18 s.	s. Eric. *v. j.*	18 m.	se Marine.
19 s.	s. Sulpice.	19 m.	s. Gabriel.	19 m.	s. Joseph.	19 v.	s. Léon.	19 D.	PENTECÔTE.	19 m.	s. Gervais.
20 D.	s. Sébastien.	20 m.	s. Euch. Q.T.	20 m.	s. Joachim.	20 s.	s. Anselme.	20 l.	s. Bernard.	20 j.	s. Silvère.
21 l.	se Agnès.	21 j.	s. Pepin.	21 j.	s. Benoit.	21 D.	se Hildegon.	21 m.	se Virginie.	21 v.	s. Leufroi.
22 m.	s. Vincent.	22 v.	se Isabelle.	22 v.	s. Lée.	22 l.	se Opportune	22 m.	se Julie. Q.T.	22 s.	s. Paulin.
23 m.	s. Ildefonse.	23 s.	C. s. Pierre.	23 s.	s. Victor.	23 m.	s. Georges.	23 j.	s. Didier.	23 D.	s. Félix.
24 j.	s. Babylas.	24 D.	s. Math. *Rem*	24 D.	*Rameaux.*	24 m.	s. Robert.	24 v.	se Jeanne.	24 l.	s. *Jean-Bap.*
25 s.	Conv. Paul.	25 l.	se Taraise.	25 l.	s. Dizier.	25 j.	s. Marc.	25 s.	s. Urbain.	25 m.	s. Prosper.
26 s.	se Paule.	26 m.	s. Alexis.	26 m.	s. Ludger.	26 v.	s. Clet.	26 D.	s. Adol. *Tri.*	26 m.	s. Babolein.
27 D.	se Jule. *Sept.*	27 m.	s. Léandre.	27 m.	s. Rupert.	27 s.	s. Anthime.	27 l.	s. Hildevert.	27 j.	s. Crescent.
28 l.	s. Charlem.	28 j.	s. Romain.	28 j.	s. Gontran.	28 D.	s. Polycarpe	28 m.	s. Germain.	28 v.	s. Irénée.
29 m.	s. Franç. S.			29 v.	*Vendr. St.*	29 l.	s. Vital.	29 m.	s. Maximil.	29 s.	s. Pre, s. Pl.
30 m.	se Bathilde.			30 s.	s. Rieule.	30 m.	s. Eutrope.	30 j.	FÊTE-DIEU.	30 D.	Com.s. Paul.
31 j.	s. Pierre N.	N. d'or 19. Epacte 18.		31 D.	PAQUES.			31 v.	se Pétronille.		

INSTITUTION
DE
M. ALLAMAGNY

145, Rue de Paris, 145

A BELLEVILLE

ÉTUDES UNIVERSITAIRES

ÉTUDES COMMERCIALES

M. ALLAMAGNY possède, pour ses élèves, une maison de campagne au bois de Romainville, à trente minutes de l'Institution, située au milieu d'un vaste parc, sur les hauteurs.

PRIX DE LA PENSION, 500 FR. — PAS DE VACANCES.

LA SERRURERIE ARTISTIQUE ET L'ORNEMENTATION EN FER.

Ah! si Le Nôtre revenait faire un jardin aujourd'hui, comme il ornementerait sa ligne droite par toutes les féeries, volières, pavillons, kiosques, passerelles, balustrades, parasols, qui font de Tronchon un véritable artiste. Legrand au dix-septième siècle, les Damono au dix-huitième, n'ont pas eu la main si légère. Tronchon a rivalisé avec eux pour les grilles et les balcons, mais il n'a pas de rival dans les jardins, excepté la nature elle-même. Mais comme il lutte avec elle en caprice et en élégance, comme il lui tend sa main, et comme elle l'appuie avec amour sur toutes ces merveilles qui la font plus belle encore!

Quand je passe dans le jardin des Tuileries, je ne manque jamais de rencontrer Le Nôtre à l'ombre d'un marronnier qui écrit le poëme de la ligne droite. Qu'on vienne encore me parler des jardins anglais, qui étaient déjà trop vieux du temps de Dédale, en face de ces architectures d'arbres et de fleurs qui sont pour le palais des rois le plus harmonieux des péristyles! L'Olympe devait être un jardin à la française. C'est dans le jardin des Tuileries que Le Nôtre rêvait Versailles, l'Olympe de Louis XIV. Un jour qu'il racontait au roi-soleil toutes ses magiques inspirations, Louis XIV l'interrompit, tout ébloui par cette vision du sanctuaire de sa gloire : « Le Nôtre, je vous donne vingt mille francs. » Et plusieurs fois le roi interrompit son jardinier pour réitérer cette approbation, jusqu'à ce que Le Nôtre, impatienté, s'écria : « Je n'en dirai pas davantage à Sa Majesté, parce que je le ruinerais! » — Que dirait-il aujourd'hui s'il avait sous la main toutes les merveilles de Tronchon? — Mais cet art charmant qui ploie le fer à tous les caprices peut se passer des jardins pour séduire son monde.

SERRURERIE ARTISTIQUE
POUR
PARCS ET JARDINS

Il renferme les oiseaux dans des cages dignes de l'Oiseau bleu, couleur du temps. Aussi les oiseaux trouvent la cage si belle, qu'ils ne s'envolent jamais. Ils ne sont pas emprisonnés, ils sont emparadisés.

Théophile Gautier écrivait dans *Paris et les Parisiens* — ce beau livre si vivant et si varié — que Paris avait eu honte de s'asseoir sur ces odieuses chaises de paille qui déshonoraient les Champs-Élysées; comme par magie, Tronchon a brûlé ces chaises qui avaient fait leur temps, et il a bordé l'avenue de ces gracieux fauteuils en fer d'une forme si élégante et si confortable que les plus belles dames peuvent s'y asseoir pour voir défiler Paris qui s'amuse et Paris qui s'ennuie.

J'ai vu un peu partout des serres de Tronchon, jusqu'au fond de l'Allemagne. Il n'est pas un prince d'outre-Rhin qui ne l'ait appelé dans son palais pour qu'il y apporte le printemps éternel du Paradis perdu. En effet, Tronchon a fait des serres comme celles du prince Stourza, où le printemps continue son rêve pendant que la neige siffle au dehors.

Dans tous les beaux hôtels, on reconnaît la main de Tronchon qui se trahit dans ces belles jardinières à gerbes, ces consoles délicates, ces corbeilles de fleurs et de fruits, ces lampadaires discrets, ces écrans légers, ces psychés gracieuses, ces volières dorées, en un mot tous ces bijoux en fer qui sont des bijoux quoique en fer, ce qui est une victoire de plus. — J'écris ces lignes après une promenade dans les ateliers de ce grand industriel, qui dessine comme un artiste et fait sa gloire d'être le chef d'une armée d'ouvriers qui perpétueront ses innovations et ses merveilles. Il faut rendre justice même à ceux qui ne l'attendent pas.

A. LAROCHE.

RÉCOMPENSES AUX EXPOSITIONS NATIONALES

MANUFACTURE
DE
PIANOS DROITS ET ORGUES-HARMONIUMS
ALEXANDRE BATAILLE & CIE

ÉLÈVE D'ÉRARD ET DE PAPE

Breveté S. G. D. G.

PIANO-BILLARD   BREVETÉ   ORGUE-BILLARD

JOLI BILLARD DE SALON

Renfermant un délicieux **Piano à queue** ou un **Orgue-Harmonium** d'une grande puissance de son. — PRIX : **2,500** francs.

SPÉCIALITÉ DE PIANOS ET ORGUES

Système perfectionné pour l'exportation

FABRIQUE   MAGASINS

60, Chaussée Ménilmontant, à Belleville-Paris   **28, Rue Meslay, et 37, Boulevard Saint-Martin, Paris**

L'ANNÉE 1860

JÉRÉMIADE EN UNE PAGE ET QUELQUES LIGNES.... BIEN SENTIES.

Avec élan : A moi, Mois !

élas ! hélas ! hélas ! trente-sept fois hélas !

J'ai passé, comme on dit, de la vie au trépas.

Je suis morte, bien morte, — et, franchement, je n'avais rien fait à mon père le Temps pour mourir aussi triste.

Ah ! mais il ne sera pas dit qu'en mourant je n'aurai pas lavé ma honte devant mes fils et petits-fils.

I

Les douze Mois entrent silencieusement. Janvier va s'asseoir presque dans la cheminée ; tous sont suivis de leurs clients, selon la saison.

1860 avec peine : « Mes chers fils, je suis très-ému ; — j'ai peur
» de me tromper. Avons-nous vu le *Printemps ?* Avons-nous vu
» l'*Été ?* Avons-nous été heureux enfin, et sommes-nous bien coupa-
» bles de n'avoir pas donné au monde ce qu'il attendait de nous ? Ré-
» pondez ! mes enfants, vous et vos assesseurs. — Allez, allez, ne
» vous gênez pas ; jabotez, vos aveux me soulageront un peu.... Pour
» le moment, les larmes m'étouffent la voix. »

II

Un fantôme couvert de crêpe noir paraît tout à coup. Il repousse de la main Mars, Avril et Mai, qui s'avançaient vers 1860, et s'exprime ainsi :

« Une brise tiède commençait à s'élever, mes bourgeons se dé-
» tendaient, ma branche devenait flexible ; déjà l'odeur de l'hum-
» ble violette arrivait jusqu'à moi ; j'avais même vu déjà passer quel-
» ques amoureux rêvant de baisers et de lilas, quand tout à coup je
» ne sais quel frisson parcourt mon être : j'ai beau me couvrir, je
» gèle ; le frisson augmente. J'implore la Nature : rien ; je la supplie :
» rien encore.... »

Se découvrant. » J'étais le Printemps... Père, pardonnez-moi ! »

III

Deuxième fantôme, même costume, comme son père le Printemps. Il repousse Juin, Juillet et Septembre, tout prêts à parler.

« Déjà mes pêchers avaient jonché la terre de leurs fleurs, le fruit
» se formait ; mes moissons commençaient à couvrir les campagnes,
» comme des bataillons serrés.

» Mes fleurs s'épanouissaient mollement, jetant le soir leurs senteurs
» enivrantes. Bluets, pâquerettes, boutons d'or, vers luisants, papillons,
» entonnaient leur hymne de reconnaissance à la nature, quand tout
» à coup l'éclair sillonne l'espace, le tonnerre gronde, le ciel ouvre
» ses écluses immenses, et voilà tous nos rêves détruits !

Se découvrant. » J'étais l'Été.... Père, pardonnez-moi ! »

IV

Troisième fantôme, même costume.

« Arrêtez, mes enfants, vous n'êtes pas coupables. Mon frère l'Été
» n'a pas eu de soleil, ni moi non plus. Le soleil avait des taches ; où
» les a-t-il attrapées, voilà ce que j'ignore, mais il en a ; et malgré
» toute sa bonne volonté sa sœur la lune n'a jamais pu faire mûrir le
» blé ni remplir le grain de la vigne de ce jus sans pareil qu'on ap-
» pelle le vin. Oui, oui, je vous entends, cigales, grillons, et vous,
» étoiles, que je contemplais dans ma tristesse ; vous m'approuvez,
» n'est-ce pas ? Et toi, aussi, petit scélérat de Cupidon qui ne dédaignes
» pas mes grappes,

Quand le soleil les a mûries !

» Non, personne de nous n'a vu le Printemps ! Personne n'a vu
» l'Été ! »

Trois voix.

Le Lilas : Personne !
Le Bain froid : Personne !
Le Marchand de coco : Personne !
Le troisième fantôme continuant : Personne !
Vous entendez ! Et cent autres voix le disaient aussi.

On entend une roulade.

Le Rossignol :
La Fauvette : Personne !

Se découvrant. « J'étais l'Automne... Mes vignes pliaient sous
» le raisin.... J'aurais donné du vin à désaltérer le monde entier, et je
» n'ose même faire goûter à ma piquette !

» Mon père, pardonnez-moi ! »

V

Janvier se levant dans le fond de la cheminée.

« Tu les as entendus, 1860. L'*Hiver* est trop occupé pour venir à
» son tour ; mais je le représente, écoute-moi :

« Tout renaît de ses cendres en ce monde ; vois plutôt.... »

VI

La cheminée s'entr'ouvre.... L'espace est lumineux.... On entend une marche triomphale, puis une douce mélodie pendant laquelle une forme apparaît :

1860 : Hein, quoi ? 1861, ma remplaçante !

La forme se rapprochant, puis apparaissant complétement.

« 1860, tu es tout pardonné, et je vais essayer de réparer le mal
» que tu as fait bien involontairement. — Il a tombé trop d'eau pen-
» dant ton règne, pour que ce déluge ne s'arrête pas un peu pendant
» le mien.

» Amour, poëtes et vignerons, reprenez courage !

» J'ai vu le Soleil ; il va mieux, et d'ici quelques mois il sera com-
» plétement rétabli.

» Je veux que 1861 voie fraterniser la Paix, les Vendanges et les
» Moissons. — Ta main, 1860 ! (*Ils se donnent la main.*) »

1860 : A bientôt !
1861 : Dans douze mois.
1860 : Bonne année à mes lecteurs ?
1861 : Je m'en charge !

MATHURIN.

PROPHÉTIES DE MATHURIN LÆNSBERG.

Messieurs et Mesdames de la France nautique, jusqu'ici vos oreilles se sont faites au nom de Matthieu. J'en suis fâché pour elles, mais il va falloir qu'elles s'habituent à celui de Mathurin. Donc, moi, petit-fils de mon très-illustre devancier, je vous dis ceci :

Vous voyez bien ce cœur? Ce cœur vous représente trois mois de l'an de grâce 1861, pendant lesquels il se passera des choses abracadabrantes.

D'abord, ce cœur ne sera plus un viscère. Jusqu'ici il avait grillé, à l'instar des rognons à la brochette, sur l'immense gril de la nature ; mais grâce à un injecteur mobile récemment inventé par l'Hymen, il rentrera dans sa condition naturelle, et ne s'occupera plus que de battre sous la fluctuation du sang, comme le balancier d'une pendule. Ainsi, le bal du Casino deviendra d'une moralité telle, que

La mère sans danger y conduira sa fille.

Le bois de Boulogne, suivant l'exemple du Jardin d'acclimatation, verra s'acclimater de plus en plus dans ses allées ombreuses les biches et les daims — mais-ais-ais — sous la surveillance de garde-vertu, qui porteront tous au lieu de plaque carrée un cœur en sautoir.

Enfin les *pious-pious* reviendront comme des tourterelles embrasser les payses — qu'ils auront pêchées dans le bassin du Château d'eau.

AU PAUVRE JACQUES

VASTES
MAGASINS DE NOUVEAUTÉS

RÉCEMMENT AGRANDIS

51 et 53, BOULEVARD et RUE DE TEMPLE, 198 et 200

A PARIS

MAISON DE CONFIANCE

FONDÉE EN 1820

ASSORTIMENTS | **BON MARCHÉ**
CONSIDÉRABLES | *SANS CONCURRENCE*

PROPHÉTIES DE MATHURIN LÆNSBERG.

En fait de *Pique*, voici ce que j'aurais à vous dire :

Pendant ce trimestre, il sera impossible de compter le nombre de gens qui se *piquent*.... à tout. — Les sergents de ville se *piqueront* de zèle et veilleront à la sûreté de nos poches. — Les employés de chemin de fer se *piqueront* de politesse s'ils ne veulent aller faire concurrence à l'aveugle du pont des Arts. — Les époux se *piqueront* de ne pas *l'être*, et redoubleront de surveillance. — Les femmes se *piqueront* d'être soumises et bonnes, surtout lorsqu'elles auront été unies par les procédés de M. de Foy. — Les journalistes, les gens de lettres, les vaudevillistes se *piqueront*.... en duel, pour faire croire au public que tout ce qu'ils écrivent est parole d'évangile. (Pardonnez-leur, ô mon Dieu !!!) — Les canotiers se *piqueront* d'entente cordiale et d'urbanité, et ne feront plus rire à leurs dépens. — Enfin les directeurs de théâtre, après avoir lutté pour arriver au succès, voyant l'été de 1861 ne plus ressembler à celui de 1860 et menacer de tourner au baromètre du Sénégal, s'en iront *piquer* une tête dans la Seine après s'être attaché au cou les œuvres complètes du vicomte Bonbon du Sérail.

PROPHÉTIES DE MATHURIN LÆNSBERG.

Nous voilà sur le *carreau*, c'est l'instant de réfléchir ; — il faut toujours se garder à *carreau*. La patience est une vertu ; celui qui en manque brise les *carreaux*, et comme Jupiter en lançant ses *carreaux*, il fait savoir à tous par le bruit qu'il fait, une foule de choses qu'on ne devrait pas savoir.

C'est en juillet, août et septembre qu'il faut surtout veiller à cela. A ce moment, toute femme veut voyager, fût-ce même en ballon ; il faut qu'elle secoue ses ailes et aille respirer au loin un autre air, qu'elle voie de nouvelles figures.

Amoureux ou niais, retenez bien ceci :

En ces trois mois : — Il y aura des époux qui ascensionneront des montagnes moins hautes que ce dont leur tête est menacée ; il y aura des femmes qui les suivront parce que la société sera nombreuse. — Il y aura des paquebots où les maris auront le mal de mer pendant la traversée et leurs femmes quelques trimestres après.

Au dernier mois, pendant les vendanges, il s'abattra sur la Bourgogne, surtout, des nuées d'escargots volants et sympathiques.

Cette nouvelle espèce d'escargots ramènera la paix au ménage, — et l'on restera tranquille.... jusqu'à l'année suivante.

COMPAGNIE LYONNAISE

Boulevard des Capucines, 37,

PARIS

Entrée des voitures, rue
Neuve des Petits-Champs, 16.

MÉDAILLE

Exposition de 1856

ÉTOFFES DE SOIE

Boulevard des Capucines, 37,

PARIS

Entrée des voitures, rue
Neuve des Petits-Champs, 16.

MÉDAILLE

Exposition de 1856

DENTELLES, CONFECTION

Cachemires des Indes et de France, Corbeilles de Mariage, Robes et Manteaux de cour.

FOURRURES CONFECTIONNÉES

A. GRAUX

Quai de l'École, 10, près le Pont Neuf.

MAISON DE CONFIANCE

Recommandée par le beau choix de **FOURRURES**
et l'élégance de ses modèles de
**Berthes, Palatines, Cols, Ca-
mails, Pèlerines, Fichus de
soirée, Mantelets, Manchons**
et **Bordures de manteaux** en

martre zibeline du Canada, de
Prusse, de France; vison du Canada, de Russie et d'Amérique;
hermine, grèbes, astrakan, cygne,
petit-gris, putois, etc., etc. Tapis,
fourrures de voitures et d'appartements, en renard,
loup, ours, lynx, etc.

N. B. On se rend à domicile pour les commandes. — Garde des
fourrures pendant l'été. — Garantie contre l'incendie.

JUPE MILLET

A RESSORTS D'ACIER

BREVETÉE (s. g. d. g.) pour la France et l'Étranger

ADOPTÉE PAR S. M. L'IMPÉRATRICE

ET PAR LES COURS D'ANGLETERRE, DE RUSSIE ET D'ALLEMAGNE

Cette Jupe, reconnue la plus éco-
nomique et la plus agréable à l'u-
sage, vient d'être perfectionnée par
l'emploi d'une housse renfermant les
quatre premiers ressorts du bas, ce
qui empêche parfaitement de passer
les pieds entre les aciers.

Mise en vente dans tous les Magasins de Nouveautés, de Lingerie et
de Mercerie.

SPÉCIALITÉ COMPLÈTE POUR JUPONS

Vente en Gros

13, Rue de Mulhouse, 13

PARIS

SONNETTES ÉLECTRIQUES

POUR HOTELS ET MAISONS PARTICULIÈRES.

ANDRÉ HERMAN ET Cie

8, RUE NEUVE-SAINT-AUGUSTIN, 8

PARIS

PROPHÉTIES DE MATHURIN LÆNSBERG.

Nous voici aux trois derniers mois de l'année : mois d'affaires, mois d'argent. — La fortune est une maîtresse infidèle qui jette son or en aveugle ; aussi quelle curée ! Dans cette ardente course au clocher, l'humanité a tous ses représentants : l'avare, la courtisane, le banquier, l'homme de bourse, le vieillard qui va mourir, le valet, jusqu'à l'ouvrier, que le démon saisit à son tour. Voyez-les tous courir, se heurter, se devancer, s'écraser au besoin, et pourquoi ? Pour cet or, que sème au hasard la déesse du jour.

Aussi comme notre bon *Diable rit* ; comme il s'égaudit à l'a-vance en sentant le fumet de toutes ces victimes que la soif insatiable de cet or poussera dans sa chaudière.

Le mieux est encore de l'attendre en dormant, ce métal qui n'est pas une chimère, mais qui n'est pas toujours le bonheur.

Au risque d'en moins avoir, nous prédisons à nos lecteurs qu'ils seront beaucoup plus heureux en attendant la Fortune qu'en courant après, et, en bon diable que nous sommes aussi, nous souhaitons à tous les abonnés de notre Journal, de notre Album et de nos publications que la déesse sus-nommée leur répande ses faveurs, comme dans la fable du bonhomme la Fontaine, pendant qu'ils sont dans les bras de *l'orfévre*.

MATHURIN.

CHOCOLATS — ÉTRENNES

ANCIENNE MAISON

L. MARQUIS

202, rue Saint-Honoré, 202

PLACE DU PALAIS-ROYAL

Cette maison, située à l'angle des rues Saint-Honoré et Richelieu, a transféré provisoirement le siége de ses affaires rue Saint-Honoré, 202, en attendant la reconstruction de son ancien local, où un vaste emplacement lui est réservé.

Chocolats de santé et vanille pour le déjeuner; grande variété de Bonbons; choix de Fantaisies et Nouveautés pour étrennes; Thés d'amateurs; Services à thé en métal anglais, etc., etc.

AUX DAMES FRANÇAISES

Rue de Buci, 2 et 4, et rue Mazarine, 82 et 84, à Paris

GRANDS MAGASINS DE NOUVEAUTÉS EN TOUS GENRES

A. MARTY

Rouenneries
Indiennes, Cotonnades
Jaconas, Doublures, etc.
Blanc de fil
Toiles blanches & écrues
Linge de Table
ouvré & damassé
Blanc de coton
Calicots blancs & écrus
Percales, Mousselines
unies, brochées & brodées
Mercerie
Rubans
et Ganterie.

Soieries
Châles, Confections
Fantaisies, Mérinos
Orléans, Alpaga
Flanelles de santé
Lingerie
en tous genres
Trousseaux & Layettes
Bonneterie, Chemises
Parapluies & Ombrelles
Perses, Damas
et Algériennes
Tapis de Table, Foyers
Moquettes & Chemins.

ENVOIS EN PROVINCE ET A L'ÉTRANGER

Prix fixe marqué en chiffres.

Avant le jour de l'an.   Pendant le jour de l'an.   Après le jour de l'an.

DEMANDE :

— Qu'est-ce que l'amour ?

RÉPONSE :

— Une ficelle
qui nous passe par le cœur
et qui nous fait danser tous
comme des pantins.

La mode des cartes de visite ne fait que
croître et embellir.

Le Froid et sa sœur la Grippe en tournée
de nouvelle année.

La Fête des Glaces au bois de Boulogne.
Le restaurant du Chalet des îles ferait bien de
nous en réserver de pareilles pour l'été.

Surtout ne me lâchez pas !

C'est pour mieux vous endurcir, mon bourgeois.

Diable, serais-je gelé sur place ?

N' faites donc pas d' bêtises, Anatole ;
vous allez me faire tomber.

La première leçon est terminée, bourgeois ; l'hiver
prochain je vous montrerai à vous relever.

Après l'hiver vient le printemps.

GRANDS
MAGASINS DE NOUVEAUTÉS
AU SIÉGE DE CORINTHE

Rue de la CHAUSSÉE-D'ANTIN, 52, PARIS

Brûlant du désir de s'annexer.

Est-ce un nouveau moyen pour nous prendre dans leurs filets?

NOUVEAU SYSTÈME DE FERMETURE DES MAGASINS DE NOUVEAUTÉS DU *SIÉGE DE CORINTHE*.

Les gens de robe ne pouvant négliger la crinoline.

Que le diable emporte les orgues Alexandre!

Bienheureux macadam! comme tu fais vivre tous nos marchands de nouveautés, nos cordonniers et nos tailleurs!

Cette Maison, l'une des plus importantes et des plus anciennes de Paris, vient de faire des agrandissements considérables qui ont nécessité des achats d'une importance telle qu'aucune autre maison ne peut offrir de plus grands assortiments, notamment en *Soieries, Lainages, Confection pour Dames et pour Enfants, Blanc de fil, Blanc de coton, Bonneterie, Lingerie,* etc., etc.

Comptoir spécial pour AMEUBLEMENTS à des prix extraordinaires de bon marché. Moires françaises, la plus belle qualité, à 8 fr. 25 c.

LENTZ

FACTEUR DE PIANOS

SPÉCIALITÉ

DE

PIANOS POUR L'EXPORTATION

40, Chaussée Clignancourt, 40

PARIS

COMMISSION.

EXPORTATION.

INVENTEUR DU PIANO SCANDÉ

honoré d'une médaille à l'Exposition de 1855, de l'Athénée des Arts,
de la Société des Arts, Sciences et Manufactures.

Exposition générale de Bordeaux

1859

BITTER SECRESTAT

DE BORDEAUX

Liqueur tonique, apéritive et stimulante

DÉPOT GÉNÉRAL

MAISON ANTHOINE

1, Rue de Bretonvilliers, et 16, Quai de Béthune (île Saint-Louis),

ET DANS SES SUCCURSALES :

39, Rue du Faubourg St-Denis.	62, Chaussée Ménilmontant (Belleville).
48, Rue des Saints-Pères.	
19, Boulevard du Temple.	15, Rue Doudeauville (La Chapelle).
70, Rue Saintonge.	
12, Rue Pastourel.	5, Rue Durantin (Montmartre).
5 bis, rue des Rosiers.	9, Rue Le Chapelais.
14, Rue Keller.	6, Rue des Dames (Batignolles).

PHOTOGRAPHIE

L. JOUVIN

COMMISSION ET EXPORTATION

296, Rue Saint-Martin, 296,

PARIS

Magasins au deuxième.

Vues françaises et étrangères. — Groupes et objets d'art pour
stéréoscopes. — Vues dioramiques. — Ateliers aux cinquième,
sixième et septième étages.

English spoken.

MANUFACTURE D'ORFÉVRERIE

LAMBERT

Paris. — 23, Rue d'Angoulême-du-Temple, 23. — Paris

MANUFACTURE D'ORFÉVRERIE PLAQUÉ ET ARGENTÉ

SERVICES DE TABLE, DE SOIRÉES ET ARTICLES DE LIMONADIERS

LAMINAGE DE TOUS MÉTAUX

EXPORTATION.

USINE : 34, rue du Grand-Prieuré.

EXPORTATION.

Arrivée du Printemps. L'Été lui emboîte le pas;
et la pluie tombe toujours.

Statue élevée en 1860 par les marchands
de parapluies.

Le mois de mars. Saison des eaux à Paris.

Ces gaillards-là ont fait fortune, cette année.

Une bonne charge de saint Médard.

La Saint-Médard. Beau temps. Gare au lendemain !

Le lendemain de la Saint-Médard, à la
campagne.

Cafés des Champs-Élysées, ou la musique
à contre-temps.

Arrivée de l'automne et de son parapluie.

VÊTEMENTS
SUR MESURE
MOINS CHERS QU'A LA CONFECTION

Eugène PICARD

TAILLEUR

dix ans coupeur dans les maisons
de Paris.

PASSAGE VERDEAU, 24,

PARIS.

RÉGÉNÉRATION COMPLÈTE
DU
SANG APPAUVRI
PAR
L'ÉLIXIR THERMES
AU CITRO-LACTATE DE FER.

Présenter sous la forme attrayante d'une liqueur exquise le plus puissant tonique de la matière médicale, tel a été le problème que M. H. THERMES (de Chalais), ancien pharmacien, a résolu en composant l'ELIXIR au CITRO-LACTATE DE FER.

Cette liqueur, dont l'inventeur fait l'objet exclusif de ses occupations actuelles, a été déjà expérimentée avec le plus grand succès par les premiers médecins de France et de l'Étranger dans les maladies de langueur, et généralement dans toutes les affections résultant de l'appauvrissement du sang : Chlorose ou pâles couleurs ; Leucorrhée ou pertes blanches ; Rachitis, Scrofules, Etouffements et Palpitations pendant la grossesse ; Affaiblissement à la suite d'hémorrhagies, de fièvres graves, de maladies aiguës ou chroniques, d'abus et d'excès de toute nature. Il n'est pas un de ces états funestes qui ne soit amélioré à l'instant et promptement guéri par l'ELIXIR au CITRO-LACTATE DE FER pris à la dose d'une demi-cuillerée à bouche ou un demi-verre à liqueur, matin et soir.

Sentiment de bien-être, animation du regard, coloration rapide des lèvres et du visage, force physique, intelligence, tout semble renaître sous son action vivifiante, et, chose digne de remarque, sans constipation ni altération des dents, inconvénients inhérents à la plupart des préparations de fer.

Pour plus amples détails, voir le PROSPECTUS.

Prix du Flacon : 3 fr.

Cet Elixir remplace très-avantageusement les Huiles de Foie de Morue, Squale et Raie, si répugnantes à prendre.

Dépôt général chez l'inventeur **THERMES**, à Paris, 15, rue Martel, et dans les principales pharmacies de France et de l'étranger.

PARAGON

La supériorité des montures Paragon de Fox, pour Parapluies de toutes les grandeurs, est bien reconnue. Ce Parapluie, moitié plus léger, et cependant beaucoup plus fort que l'ancien Parapluie monté sur baleine, est, en outre, meilleur marché et plus durable.

LE PARAPLUIE PARAGON

Se trouve dans toutes les bonnes maisons de Paris et de la province.

Le Parapluie Paragon porte à l'intérieur, en lettres dorées, la marque *Paragon brevet de Fox, s. g.*

SEUL DÉPÔT EN FRANCE

Pour la vente de la Monture Paragon

CHEZ STEINBERGER ET FELDMANN

FABRICANTS DE CANNES, FOUETS ET CRAVACHES,

246, rue Saint-Martin, 246.

PARIS.

APPAREILS DE CHAUFFAGE
CALORIFÈRES ET FOURNEAUX.

NOUVEAU FOYER
DE CHEMINÉE MOBILE A BOUCHE DE CHALEUR
LECOQ

4, Boulevard du Temple, 4,

PARIS.

PAPIER WLINSI

Une application, deux au plus, guérissent les rhumes, IRRITATIONS DE POITRINE, maux de gorge, grippe, rhumatismes, lumbagos, douleurs.

1 fr. 50 c. la boîte.

Dépôt à PARIS, rue de la Cité, 19, et dans les principales pharmacies.

PURGATIF

le plus facile à prendre et le plus efficace contre la constipation, la bile et les glaires.

PERLES PURGATIVES W. GUYON

3 fr. le flacon.

En province, dans toutes les principales pharmacies.
A PARIS, chez **M. Naudinat**, 19, rue de la Cité

Et on n'a pas encore trouvé la direction
des ballons!...

Un parapluie de famille.

Profitons des derniers beaux jours.

Vivent les concerts Musard quand même!

Léger comme une plume. Le besoin s'en
faisait sentir.

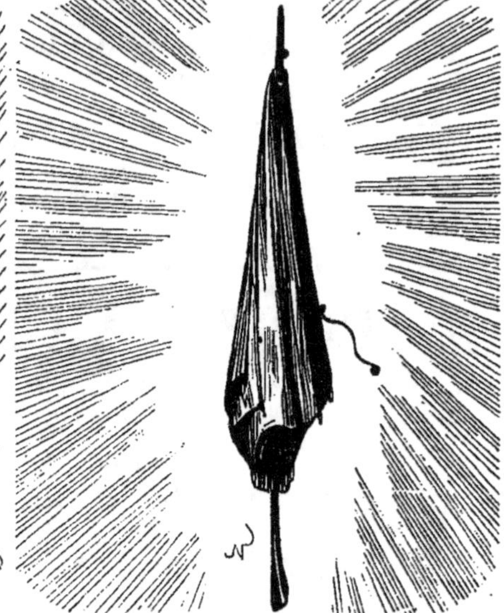

Fermons la parenthèse, je veux dire le
parapluie.

Réouverture des bals de l'Opéra.

On fera danser les écus.

Connaissez-vous Arban, du casino Cadet?
Un drôle de *cor !*

Et on appelle cela rigolbocher !

Une nouvelle danse inventée par Alice
la Provençale.

Conséquences des Mémoires de ces dames.

Promenade du bœuf gras. A quand la
dernière?

Et dire que ça n'empêche pas les enragés
du bal d'Asnières !

Le célèbre Markowski inventant un
nouveau pas.

DINER EUROPÉEN

PARIS **PALAIS-ROYAL** PARIS

Galerie de Valois, 154 et 156,

ET

Rue de Valois, 17 et 19

(Entrée pour les voitures).

DINERS	DÉJEUNERS
3 fr. 75 c.	**1 fr. 90 c.**

SALONS ET CABINETS DE SOCIÉTÉ.

A LA TOUR D'ARGENT.

HAUTES NOUVEAUTÉS

LEGAVRE FILS

FABRICANT

PEIGNES & BIJOUTERIE

EN ÉCAILLE.

243, rue Saint-Denis, 243

PARIS

EAU MINÉRALE D'ALET

APPROUVÉE PAR L'ACADÉMIE IMPÉRIALE DE MÉDECINE.

Traitement des convalescences des maladies graves, de la Dyspepsie (*troubles de la digestion*), de la Migraine, de la Chlorose, de l'État nerveux et des Vomissements.

EAU SANS GOUT,

Agréable à boire et convenant surtout aux Dames et aux Hommes sédentaires.

S'adresser à l'Administration centrale, **rue Neuve des Bons-Enfants, 37,** *aux Dépôts d'Eaux minérales et aux principales pharmacies de la France.*

PARFUMERIE

Avis au Commerce et aux Consommateurs

Les *Contrefacteurs* des produits de la **Société Hygiénique** poursuivis et atteints par la justice n'osent plus exercer leur coupable industrie. Mais des *Imitateurs*, habiles à éluder la loi, ont remplacé les *Contrefacteurs*. Ils imitent la forme des vases et les enveloppes de la *Société Hygiénique;* et pour compléter la fraude, ils font intervenir, en caractères très-saillants, le mot HYGIÉNIQUE.

Les produits, ainsi déguisés, sont offerts au public, par un grand nombre de Marchands, comme provenant de la *Société Hygiénique.*

Ces Marchands ignorent sans doute que la loi a prévu ce cas, et qu'ils se placent, en trompant le Consommateur sur l'origine et la nature de la marchandise, sous le coup de l'art. 423 du Code pénal.

OBSERVATION IMPORTANTE. — Les imitations ne portent que le mot HYGIÉNIQUE *seul,* tandis que les produits de la *Société Hygiénique* portent ces *deux* mots : **Société Hygiénique.**

ENTREPOT GÉNÉRAL A PARIS

Rue de Rivoli, 79, près la rue de l'Arbre-Sec,

DÉPOTS :

BOULEVART DES ITALIENS, 11; PALAIS-ROYAL, GALERIE-D'ORLÉANS, 24;
BOULEVART DE LA MADELEINE, 19; RUE SAINT-HONORÉ, 229;

PLUS DE MAL DE MER

S'adresser à **M. HENRY,**

Rue Lamartine, 34.

Avalanche de petits livres, Mémoires de *ces dames* et autres rigolbochades.

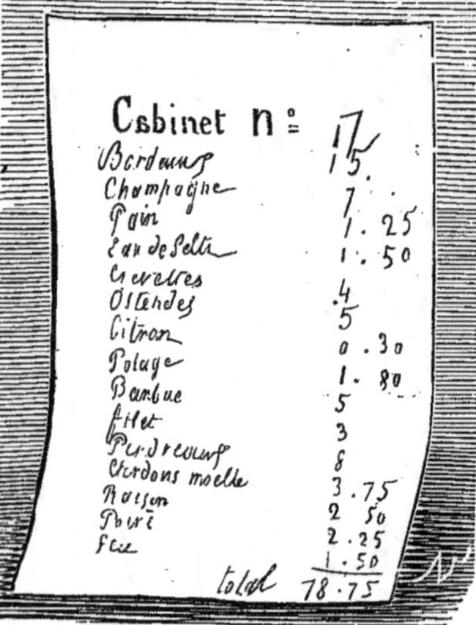

Se méfier des additions de certains restaurateurs à la mode que nous pourrions citer.

La plupart des médecins assurent que les bains froids ont été excellents pour la santé, en 1860.

Les chemins de fer partout, tout va bien.

Mais ne nous pressons pas trop d'en vouloir.

L'embarras du choix.

Le nouveau passe-port à photographie.
— Vous avez beau arriver de Vichy, vous n'avez pas engraissé à ce point en six semaines ; suivez-moi chez le commissaire.

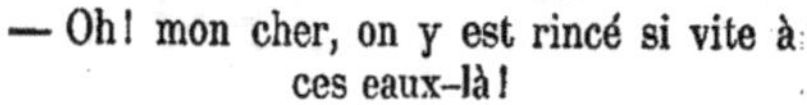

— Déjà de retour de Hombourg !
— Oh ! mon cher, on y est rincé si vite à ces eaux-là !

La belle saison ramène les trains de plaisir en mer.

HUIT MÉDAILLES
APPAREIL GAZOGÈNE-BRIET
SEUL APPROUVÉ PAR L'ACADÉMIE IMPÉRIALE DE MÉDECINE
SEUL ADMIS DANS LES HOPITAUX DE PARIS

MONDOLLOT FRÈRES

FABRIQUE ET VENTE
EN GROS
RUE DU CHATEAU-D'EAU, 94-96
PARIS.

DÉPOT POUR LA VENTE
AU DÉTAIL
BOULEVARD BONNE-NOUVELLE, 40
PARIS.

PRIX
DES
APPAREILS

De 1 bout . . . 12 fr.
De 2 bout . . . 15
De 3 bout . . . 18

PRIX
DES POUDRES
1re QUALITÉ.

De 12 boîtes . . 12 fr.
De 18 boîtes . . 18
De 24 boîtes . . 24
Les 100 doses.

La Dame. — Mais, monsieur Anatole, vous le faites exprès.
M. Prudhomme. — Ah! ah! l'ancien système! Je vous l'avais bien dit, monsieur Anatole!...

Ce qui prouve qu'un paysan
rapporte moins qu'un chien aux propriétaires.

Arrêt sur deux tourtereaux.

La chasse au rhume de cerveau est la plus dangereuse
de toutes les chasses.

Profil d'un farouche chasseur.

L'APPAREIL GAZOGÈNE-BRIET

A obtenu, pour son invention et ses divers perfectionnements, HUIT Médailles :
Aux Expositions nationales de 1844 et 1849, universelle de 1855, à la Société d'encouragement, etc.

Au moyen du joli Appareil Gazogène - Briet, on prépare soi-même, à la minute, et à frais des plus minimes, d'excellente eau de Seltz et toutes autres boissons gazeuses.

Sa manœuvre, d'une très-grande simplicité, est, de prime abord, à la portée de tous. Perfection remarquable soit comme solidité, soit comme résultat des opérations. Impossibilité de contact entre les sels producteurs du gaz et les liquides destinés à la boisson ; seul, le Gazogène-Briet possède cette condition.

Seul aussi cet appareil a été approuvé par l'Académie impériale de médecine, et seul il est en usage dans les hôpitaux de Paris.

Ces deux derniers titres donnent, sans conteste, la garantie de sa supériorité.

PRIX DES APPAREILS		PRIX DES POUDRES PREMIÈRE QUALITÉ	
De 1 bouteille	12 francs.	De 1 bouteille	12 francs les cent doses.
De 2 bouteilles.	15 —	De 2 bouteilles.	18 — —
De 3 bouteilles.	18 —	De 3 bouteilles.	24 — —

MONDOLLOT Frères, rue du Château-d'Eau, 94 et 96, et Boulevard Bonne-Nouvelle, 40, Paris

Les plaisirs de la chasse.
Se lever à quatre heures du matin.

La visite au pensionnaire.

Fermeture de la chasse.

Une leçon. — . . . Pour distinguer la lapine
du lapin ! C'est bien aisé, mon cher ! S'il
court, c'est un lapin ; si elle court, c'est
une lapine.

Le quart d'heure du port d'armes.

Combien monsieur le vicomte regrette de
n'avoir pas pris son parapluie ni ses
caoutchoucs de la maison Rattier !

Les chasseresses aujourd'hui.

Mariez-vous donc à un chasseur, comme
c'est agréable !

Un chasseur qu'on chasse quelquefois.

MAISON SPÉCIALE DE BLANC DE VENDOME-HIRNE

Qui vend le meilleur marché de tout Paris

21, rue de la Chaussée d'Antin, *entre la rue Neuve-des-Mathurins et la rue Saint-Nicolas d'Antin.*

Cette MAISON, on le sait, est un DÉPÔT DIRECT des fabriques de LILLE, LISIEUX et SAINT-QUENTIN; s'adresser à elle, c'est s'adresser au fabricant lui-même.

La loyauté de sa vente, la qualité supérieure et la réduction considérable appliquée à toutes ses marchandises, lui ont justement acquis la faveur et la confiance générales. Les personnes qui ont des achats de blanc à faire ne sauraient trouver ailleurs les avantages énormes qui leur sont offerts par cette maison, qui peut aujourd'hui, à bon droit, se dire la première de son genre et celle qui vend réellement à des prix fabuleux de bon marché.

ENTRE AUTRES ARTICLES AVANTAGEUX QU'ELLE A MIS EN VENTE, NOUS SIGNALERONS SEULEMENT :

100 pièces de toile pour chemises, qualité extra...	valant 2 f. 60 vendus	1 f. 60
100 — pour draps de maîtres —.	— 2 25 —	1 50
30 — — larg. 1 20.	— 2 50 —	1 95
80 — 8/4 pour draps sans couture.	— 5 75 —	3 60
60 — jaune extra-forte, pour draps de domestiques	— 1 50 —	1 05
50 — torchons chanvre..................	— » 70 —	» 55
55 services damassés pur fil..................	— 50 » —	26 »
100 nappes garanties pur fil, liteaux bleu et blanc.	— 4 25 —	2 95
80 paquets serviettes liteaux rouges (4 douz. par pièce), les 4 douz....................	— 28 » —	19 50
50 pièces pois anglais pur fil pour serviettes de toilette.....................	— 1 70 —	1 15
1,000 douz. mouchoirs, la pièce de 3 douz........	— 29 » —	19 50
1,000 — — pour hommes, la pièce de 3 douz................	— 52 » —	35 »
300 — — ourlets à jour, le mouchoir.	— 1 75 —	» 95
400 pièces madapolam pour chemises, les 50 mèt., prix réel..	— 40 » —	25 »
3,000 — — — vendus à prix de fab., depuis	— » » —	» 60

2,000 pièces toile coton écru..................	valant » f. 75 vendus	» f. 55
500 grands rideaux brodés, haut. 3 m., prix réel.	— 15 » —	9 »
800 — — dessins extra-riches, prix réel.	— 50 » —	25 »
2,000 paires petits rideaux brodés, haut. 2 m., la paire	— 8 50 —	4 75
2,000 couvertures de laine, depuis..............	— » » —	2 95

LINGE CONFECTIONNÉ.

10,000 douzaines, telles que tabliers d'office et de cuisine, nappes, serviettes, taies d'oreillers, torchons et essuie-mains, draps de maîtres et de domestiques.		
1,000 gilets de flanelle de toutes couleurs......... valant 11 f. 75 vendus 6 f. 90		
40 douz. chemises madapolam, gorges et manches piquées..	— 3 75 —	2 50
50 — — — — festonnées	— 6 50 —	4 25
50 — — de nuit madapolam, manches longues	— 7 25 —	5 25
40 — camisoles percale, cols et manches festonnés.	— 9 50 —	7 50
30 — — — brodés riches..	— 30 » —	20 »
150 jupons percale petits plis, 4 lèzes..........	— 15 » —	9 »
60 — broderie de Nancy..........	— 13 » —	8 50
400 cols brodés......................	— 6 » —	2 75

Cols et Parures, Guipures d'Irlande, vendus au-dessous du prix de Fabrique

Plusieurs lots de Lingerie, de Valenciennes et d'Application, seront vendus à moitié prix. — **1,500** Jupons siciliens, haute nouveauté, valant **24** francs, vendus **15** francs.

Les Magasins sont fermés les Dimanches et Fêtes.

OPTIQUE

LA SEULE MAISON CHEVALIER, ayant reçu des Médailles d'or aux expositions nationales, et la plus ancienne de ce nom, fondée quai de l'Horloge, 1750, de père en fils, est celle de

CHARLES CHEVALIER, INGÉNIEUR

ARTHUR CHEVALIER

FILS ET SUCCESSEUR

PARIS, 158, Palais-Royal, 158, **PARIS.**

Ateliers : Cour des Fontaines, 1 bis.

Cette maison n'a de dépôt nulle part. (Ancienne maison Vincent Chevalier, marque de fabrique, Deux Médailles d'or en 1834.) — Lorgnettes-Jumelles. — Microscopes. — Appareils de photographie. — Verres en crown-glass (cristal français) pour conserver la vue. — Instruments pour les Mathématiques, la Physique, la Chimie, etc. — Voir les cinq catalogues illustrés. — Microscopes, 1 fr. 50. — Photographie, 1 fr. 50. — Mathématiques, Géodésie, Marine, 1 fr. 50. — Optique et Météorologie usuelles, 1 fr. 50. — Physique, Chimie, 3 fr. 50. — (Les cinq catalogues, 7 fr.)

MAISON

DE

L'INGÉNIEUR CHEVALLIER

DUCRAY-CHEVALLIER

Gendre et seul Successeur

Place du Pont-Neuf, 15. — Paris.

FABRIQUE D'INSTRUMENTS D'OPTIQUE

DE PHYSIQUE

DE MATHÉMATIQUES ET DE MARINE

LA COMPAGNIE GÉNÉRALE

D'ÉCLAIRAGE ÉLECTRIQUE

SYSTÈME LACASSAGNE & THIERS

Seule chargée de l'éclairage électrique de la ville de Paris et de la ville d'Evreux

Entreprend des éclairages pour travaux publics, gares, grandes usines, fêtes publiques et particulières, châteaux parcs, villas, *ports de commerce, bains de mer,* etc.

Directeur : M. R. THIERS, 11, rue d'Enfer, Paris.

Deux pistolets qui ne m'auraient pas servi
à grand'chose, là-bas !

C'est un peu humide, les sous-sol, mais
on a balcon sur la rue.

Photographie quand même. Où allons-nous !

Paris triangulé. — Pardon, monsieur, votre
nez n'est pas à l'alignement.

Comme quoi le métier d'ingénieur triangulaire
n'est pas tout roses.

Mais, en compensation, que d'indiscrétions
ils peuvent commettre !

Application ingénieuse des tours triangulaires
par un locataire augmenté.

Mode à la triangulation pour 1864.

Maudite lumière électrique ! On ne peut donc
plus dormir tranquille !!

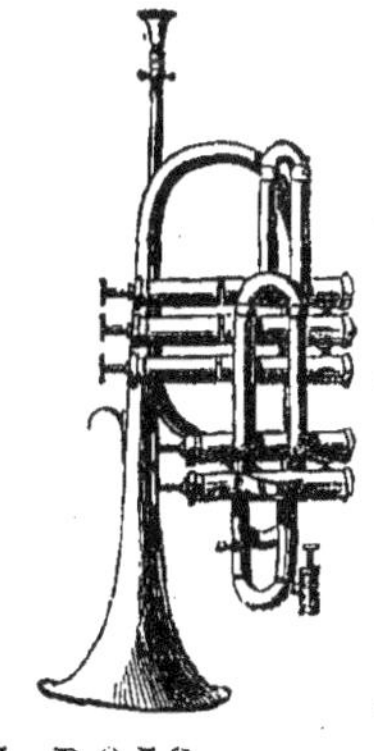

ALPHONSE SAX JUNIOR

FACTEUR ET INGÉNIEUR EN INSTRUMENTS DE MUSIQUE

MANUFACTURE D'INSTRUMENTS EN CUIVRE ET EN BOIS
en tous genres, en toutes formes, et dans tous les tons.

HARMONIE et MUSIQUE MILITAIRE

Rue d'Abbeville, 5 bis, PARIS (près de la place Lafayette)
précédemment 22, rue Lamartine.

BELLE SALLE DE 300 PERSONNES POUR CONCERTS ET RÉPÉTITIONS.

COMMISSION — NEUF BREVETS D'INVENTION — EXPORTATION

Breveté de S. M. l'Empereur des Français,
Grand Brevet de S. M. la Reine d'Angleterre. — Breveté de S. M. le Roi des Belges.
2e Prix en 1838. — 1er Prix en 1841. — Prix d'honneur, Médaille d'or en 1843.
DÉLÉGUÉ par le Gouvernement belge pour visiter l'Exposition universelle de Londres en 1851.

Inventé par **M. Alphonse SAX** junior, *nouveau système de pistons à colonne d'air progressivement conique, sans solution de continuité*, depuis la branche d'embouchure jusqu'au pavillon, avec ou sans l'emploi des pistons, suppression complète *des angles et coudes ou rétrécissements, justesse, grande facilité d'émission, homogénéité, accroissement de sonorité* pour les instruments de cuivre de toutes les formes, de tous les tons et de tous les timbres qui distinguent chaque famille, depuis la voix la plus aiguë jusqu'à la plus grave. — NOUVEAU PRINCIPE de la division *en demi-tons* de tous les instruments en cuivre dits **saxomitoniques**, inventé par M. ALPHONSE SAX junior, consistant dans la réunion, sur un même instrument, de pisons *ascendants, produisant les gammes chromatiques ascendantes*, et de pistons *descendants, produisant les gammes chromatiques descendantes*, en laissant comme intermédiaire ou point de départ et de ralliement au principe ascendant et descendant, les résonnances harmoniques ou sons naturels du tube principal de l'instrument.

Les nouvelles richesses résultant de ce principe sont telles que l'on peut les considérer comme étant *le dernier mot donné de la perfection* desdits instruments, au point de vue de *l'acoustique, de la justesse, de la facilité*, de l'émission des sons et de leur homogénéité, ainsi que par les nombreuses ressources nouvelles offertes aux compositeurs et aux artistes.

Tous les trilles, même ceux impossibles jusqu'à ce jour, sont faciles et de plusieurs manières différentes, soit par tons ou demi-tons, sur tous les degrés de l'échelle chromatique, en n'employant jamais qu'un seul piston (ou point), simplicité de mécanisme par la suppression des fourches et de la prise simultanée de deux ou trois pistons. — Les enharmoniques telles que *si* bémol et *la* dièse, etc., etc., également sur tous les degrés de l'échelle chromatique; enfin *justesse absolue, homogénéité et facilité d'émission, accroissement de sonorité et d'étendue sans lacune, arpéges dans toutes les tonalités usitées en musique* jusqu'à ce jour; tels sont les avantages du problème que vient de résoudre **M. Alphonse SAX** junior, *par l'innovation de* SON PRINCIPE SAXOMNITONIQUE. avantages auxquels le jury de l'Exposition universelle de Paris a consacré la plus belle page dans son rapport officiel (INSTRUMENTS EN CUIVRE), dont voici de courts extraits :

« **M. Alphonse SAX** junior a résolu d'une manière heureuse le problème *de la justesse* par un nouveau piston » ascendant d'un demi-ton. Quoiqu'il ne soit pas exposant, nous croyons ne pas pouvoir passer son invention » sous silence, parce que nous la considérons comme s'appuyant sur un principe vrai, destiné à opérer une ré- » forme salutaire dans le système des pistons. Le piston ascendant de **M. Alphonse SAX** ne change rien à la » nature du tube principal, il le raccourcit simplement et le laisse dans ses conditions acoustiques rigoureuse- » ment justes.

» **M. Alphonse SAX**, par une ingénieuse disposition de pistons et par une combinaison nouvelle des trous » d'entrée et de sortie de la colonne d'air, est parvenu à conserver la forme conique aux tubes additionnels, dont » il a d'ailleurs supprimé ou diminué considérablement l'emploi par son piston ascendant; par la réunion de » ces deux perfectionnements importants, il a ramené la construction des instruments à pistons aux condi- » tions normales de justesse et d'égale sonorité.

» La combinaison résultant de l'application du principe de **M. Alphonse SAX** est une CRÉATION NOU- » VELLE; c'est par elle seulement qu'est résolu le problème D'UNE JUSTESSE PARFAITE pour les instruments à » pistons. — Le mécanisme est partout de la plus grande simplicité. — Nous appelons sur cette réforme l'atten- » tion des facteurs d'instruments de cuivre, car elle est RADICALE ET FONDAMENTALE. Elle s'applique avec » un égal succès à toutes les voix de » chaque famille; *sopranos, contraltos, té-* » *nors, barytons, basses et contre-basses*, tout » se perfectionne par l'application de » son système. »

Signé :

FÉTIS PÈRE,

rapporteur.

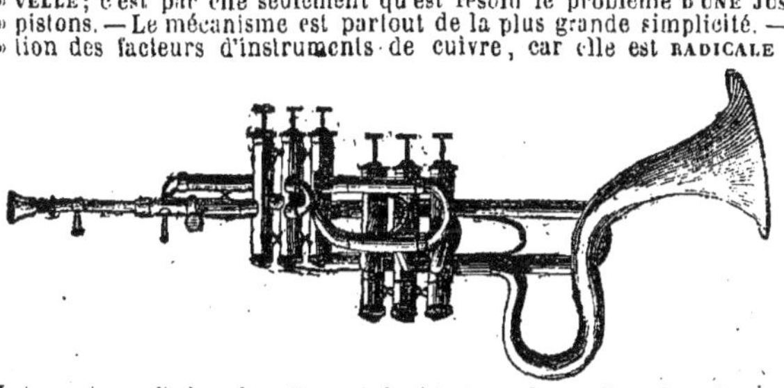

Les dessins d'instruments représentés ici ne forment qu'une partie de la série générale des nombreux instruments dits **saxomnitoniques.**

Cor saxomnitonique chromatique à 4 pistons, dont 2 ascendants donnant 3 demi-tons chromatiques ascendants, et les 2 autres descendants donnant 3 demi-tons chromatiques descendants. 7 tonalités ou positions, conservent ses tons de rechange et le timbre du cor simple.

— 41 —

— Je suis étonné que vous n'ayez pas trouvé le moyen de vous coiffer encore plus en arrière, trompette.

— Vous pouvez croire qu'on s'en occupe.

— Croiriez-vous que cette pimbêche m'a préféré le cornet à piston!..... Un criquet pas plus haut que ma canne!!

— Ça ne m'étonne pas, il y a des femmes si stupides!

Premier obstacle, 5 francs d'entrée.

Différentes manières d'apprécier l'obstacle
du mur n° 4.

Il n'est pas nécessaire de parler la langue du
sport pour appeler celui-là un saut de rivière.

Gloire des sportsmen, portant leur carte d'entrée
au chapeau, sur les boulevards, à minuit.

Une course de Longchamps. — Et dire qu'il ne
faut payer que cent sous pour voir tout ça!

Tous les agréments réunis du steeple-chase de la
Marche, en 1860, même les grandes eaux.

Attendant la saison des courses de 1861.

— Oh! ne craignez rien, monsieur, c'est un
ancien cheval de course; il ne peut s'empê-
cher de faire le saut de rivière.

— Qu'as-tu gagné à la Marche?
— Un rhume de cerveau.

APPAREIL SIPHOIDE

BREVETÉ S. G. D. G.

pour faire

DE L'EAU DE SELTZ

SOI-MÊME

LAUMONNIER

Rue Fontaine-au-Roi, 62

Ci-devant

Rue des Filles-du-Calvaire, 11

PARIS

FABRIQUE

D'EAU GAZEUSE

Conséquence inévitable du succès des Persans, à Paris, et leur influence sur la jeunesse parisienne.

L'œil persan faisant place à l'œil américain.

Il faut des époux assortis.
Offrons à M. de Foy cette petite réclame.

Et dire qu'il faut que nous buvions de cela !

Les plaisirs des vendanges.

Couronné à l'Exposition dans la personne de son veau.

L'artiste Léotard.
Et dire qu'il est encore à marier !

De plus fort en plus fort, comme chez Nicolet.

Ce cochon est le plus beau jour de sa vie.

L'espoir de la patrie dans le simple appareil.....

— Eh! garçon! des grogs forts!... très-forts!

A peine sorti du collége.
Paroles toujours nouvelles sur un air connu.

Les rentrées. — Bonnes habitudes prises
pendant les vacances.

Des Chinois qu'on ne trouve pas chez la mère Morcaux.

—Nous n'avons plus de chinois, monsieur; on en a tant consommé ces jours-ci, qu'on ne peut plus en trouver un seul dans tout le canton.

—Eh bien, camarade, puisque là paix est faite en Chine, prenons un chinois.

La civilisation offerte bien gracieusement.

L'armée chinoise se décide à combattre à la française.

Les Chinois chassés de canton en canton.

Prisonniers chinois réservés pour les babys français.

—On m'a parlé, à Paris, d'une certaine dame Moreaux qui les prend volontiers en sevrage.

Un morceau de chien n'est pas à mépriser; le tout est de s'y faire.

Danse joyeuse des chinois de la mère Morcaux, en apprenant, par un naturel du Céleste Empire, que la paix est faite avec la Chine.

DENTIERS
PALMITOÏDES BAILLY

Garantis pendant 20 ans.

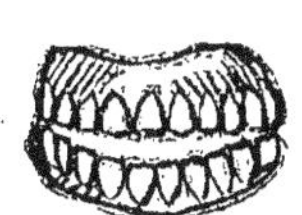

La **Palmitoïde** remplace avec un immense avantage les pièces métalliques et en hippopotame (dites *osanores*). Il suffit, en effet, d'avoir vu ce merveilleux travail pour être convaincu des bienfaits qu'il procure.

BAILLY (GEORGES)

DENTISTE

4, RUE DU FAUBOURG-POISSONNIÈRE, 4

près le boulevard

PARIS

BLOCMAN

DENTS ET 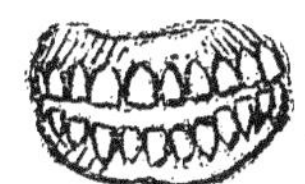 DENTIERS

Modèles pour leur beauté, leur solidité et leur mode facile d'application, ne nécessitant aucune opération préalable, rendant la mastication parfaite et la prononciation naturelle; avantage que l'on n'obtient pas avec les dentures ordinaires.

LES DENTS ET DENTIERS DE M. BLOCMAN

sont inaltérables et garantis pour leur durée.

PRIX MODÉRÉS

GUÉRISON RADICALE DES DENTS MALADES

33, Rue Montmartre, 33

PARIS

des
FRÈRES g. n. Sᵗ-JOSEPH
est le moyen le plus puissant
pour conserver, rétablir et fortifier
les **yeux** et les **paupières**.

Prix du flacon : 5 f.; six flacons : 28 f., adressés *franco.*
Au Dépôt principal,
A PARIS, *Quai d'Orléans*, 20.

CAPSULES A TOUS MÉDICAMENTS

Préparées par **J.-P. LAROZE,**

PHARMACIEN DE L'ÉCOLE SUPÉRIEURE DE PARIS.

Médecine noire contenue dans six capsules de forme ovoïde; elles sont prises avec facilité; leur action est abondante et toujours sans coliques. — Prix de la boîte pour une purgation. . . . . 1 f.

Capsules à l'huile de foie de morue pure, la boîte. 3
Capsules à l'huile de ricin extraite à froid, id. 3
Capsules au baume de copahu pur, id. 3
Capsules au baume de copahu et cubèbes, id. 3
Capsules au baume de copahu et fer, id. 3
Capsules au goudron de Norvége, id. 3
Capsules à la térébenthine de Venise, id. 3

Détail, pharmacie Laroze, rue Neuve-des-Petits-Champs, 26.— *Gros*, expéditions, rue de la Fontaine-Molière, 39 *bis*, à Paris.

PRODUITS DE LA MAISON J.-P. LAROZE, CHIMISTE,

Pharmacien de l'École supérieure de Paris.

SIROP D'ÉCORCES D'ORANGES AMÈRES. Les expériences des docteurs Baron le Clère et Clavel de Saint-Geniez, pour Paris et la banlieue; des docteurs Boulogne père et de Sanevières, pour les départements; des docteurs Doroschko et de Sanevières, pour la Russie, la Pologne et l'Espagne, attestent que le Sirop d'écorces d'oranges amères de J.-P. Laroze est d'une supériorité réelle sur tous les calmants préconisés du système nerveux. Il est reconnu comme le plus sûr auxiliaire des ferrugineux, dont il facilite l'assimilation, prévenant la constipation qu'ils provoquent. Il résulte de leurs observations que le Sirop Laroze d'écorces d'oranges amères est le spécifique certain de malaises indéfinis que le plus souvent il fait avorter. Il est très-efficace pour combattre les palpitations de cœur, jaunisses, constipations opiniâtres, mauvaises digestions, absence d'appétit, gastrites aiguës ou chroniques, tiraillements, douleurs et crampes d'estomac, aigreur, chaleur, irritation du même organe, défaillance, maux de cœur, coliques et vomissements nerveux, langueur, épuisement, syncopes, mélancolie. Le Sirop d'écorces d'oranges amères préparé par M. J.-P. Laroze ne se vend qu'en flacons spéciaux, jamais en demi-bouteilles ni en rouleaux. Chez tous les pharmaciens dépositaires. Prix du flacon : 3 fr.

CURAÇAO FRANÇAIS HYGIÉNIQUE. Cette liqueur de table, d'une supérioritére connue, jouit des propriétés diffusibles de l'écorce d'oranges amères, dont elle conserve la fraîcheur et la suavité. Les médecins la prescrivent comme l'agent le plus heureux pour donner de l'appétit, fortifier l'estomac, relever les constitutions affaiblies, enfin régénérer les tempéraments lymphatiques. Elle prévient tout dérangement d'entrailles pendant les chaleurs et la saison des fruits, pendant les froids humides. Elle est la meilleure conclusion d'un bon repas. Prix du cruchon, toujours en verre, 6 fr.

Capsules à tous médicaments, d'une pureté garantie.

CAPSULES A L'HUILE DOUCE DE RICIN extraite à froid. Fraîche et pure, cette huile, à faible dose, agit aussi sûrement sur nos organes qu'une quantité plus forte. Elle est employée avec succès comme laxative contre la constipation, comme purgative, enfin comme vermifuge. Prix de la boîte : 3 fr.

MÉDECINE NOIRE. Contenu dans six capsules ovoïdes, ce purgatif est conseillé par tous les médecins comme le plus doux, le plus sûr, le plus facile à prendre, le mieux supporté. Il satisfait à toutes les exigences, sans irriter l'estomac ou les intestins, soit comme *laxatif*, comme *purgatif simple, purgatif dérivatif, purgatif dépuratif*. Pour obtenir tel ou tel résultat, il faut en augmenter ou diminuer la dose. Il convient chaque fois qu'il faut une purgation réelle. Son action est abondante et toujours sans coliques, sans changement de régime, sans précaution préalable. La boîte, pour une purgation, 1 fr. Chez tous les pharmaciens dépositaires.

la boîte.

CAPSULES à l'huile de foie de morue pure.		3 fr.
— à l'huile de ricin, extraite à froid....		3 fr.
— à la térébenthine de Venise pure....		3 fr.
— à l'essence de térébenthine de Venise.		3 fr.
— au goudron de Norwége............		3 fr.
— au baume de copahu pur et liquide...		3 fr.
— au baume de copahu et ratanhia.....		3 fr.
— au baume de copahu et fer..........		3 fr.
— au baume de copahu et cachou......		3 fr.
— au baume de copahu et magnésie....		3 fr.
— à la poudre de cubèbe pur..........		3 fr.
— à la poudre de cubèbe et alun.......		3 fr.

Tous ces produits sont vendus sous la double garantie des signature et cachet de J.-P. Laroze, qu'il faut toujours exiger. Gros, expéditions rue de la Fontaine-Molière, 39 bis; détail, pharmacie Laroze, rue Neuve-des-Petits-Champs, 26, à Paris, et chez tous les pharmaciens dépositaires.

La pêche à la ligne. — Le poisson sera en telle profusion, cette année, que cela mordra partout, et autre part encore.

ÉTRENNES UTILES ET AGRÉABLES.

CAFETIÈRE

Brevetée

RAPARLIER

Médaille d'Argent

décernée sur le rapport
d'une Commission de cinq membres
de la Société
des Sciences industrielles.

L'EXCELLENTE

s. g. d. g.

INVENTEUR ET FABRICANT.

Médaille d'Argent

décernée sur le rapport
d'une Commission de cinq membres
de la Société
des Sciences industrielles.

SIMPLICITÉ dans l'opération; — **ÉLÉGANCE** de forme; — **SUPÉRIORITÉ** dans le travail;
Tels sont les principaux avantages qui mettent cette Cafetière au-dessus de toutes celles qui ont paru jusqu'à ce jour.
En vente chez l'INVENTEUR, **50, rue Rambuteau,** et chez les principaux marchands Quincailliers, Lampistes, etc., etc.

SEUL DÉPOT

DES

BOUGIES DE LA PLATA

51, Galerie Vivienne, 51,

PARIS.

D. BERGER, successeur de E. HERRAULT.

Allumettes bougie.
  Id.   salon, parfumées.
  Id.   ordinaires.
Veilleuses anglaises.
  Id.   ordinaires.
Réchauds.
Allumettes en tous genres.

Bougie décorée.
  Id.   cire diaphane couleurs.
Assortiment de petite cire couleur.
Cire vierge.
Briquets, porte-allumettes, etc.
Brûletout.
Articles de fumeurs.

CHANGEMENT DE PROPRIÉTAIRE.

FONDÉE EN 1823. **MAISON DORY** EXISTANT DEPUIS 37 ANS.

10, RUE DU FOUR-SAINT-HONORÉ, 10.

DISTRIBUTION à domicile, dans Paris et tout le département de la Seine, de toute espèce d'imprimés, journaux, circulaires, brochures, CARTES DE VISITE, etc., etc.

RECOUVREMENTS DE QUITTANCES
ET DE TOUTE ESPÈCE DE VALEURS,

BUREAU SPÉCIAL
Confection générale d'adresses pour Paris, les départements et l'étranger. — *Exactitude garantie* par l'envoi aux clients de toutes les adresses, classées par rues ou catégories de profession pour Paris, par villes et départements pour la province, et, enfin, par puissances pour l'étranger.

SIX DÉPARTS PAR JOUR.
195 Facteurs portant un numéro matricule en cas de réclamation.

ATELIER PHOTOGRAPHIQUE

23, RUE RICHER, 23

PARIS

L'ALGÉRIE

PHOTOGRAPHIÉE

COMMISSION

EXPORTATION

PUBLICATION NATIONALE

Sous les auspices de *S. E. le Ministre de la guerre,* et avec le concours de *M. le maréchal comte Randon,* gouverneur général de l'Algérie, des commandants supérieurs et des bureaux arabes.

Cette publication, destinée à populariser l'Algérie, a été accueillie avec faveur par **S. M. NAPOLÉON III,** qui a bien voulu en accepter la dédicace. Elle comprend les principales villes, ruines romaines, sites pittoresques, oasis et villages arabes les plus intéressants des trois provinces.

PORTRAITS, CARTES, STÉRÉOSCOPES.

Pêcheur pêché par le poisson volant des Champs-Élysées,
lors de sa première expérience.

Ce poisson volant aura le mal du pays
et piquera une tête dans la Seine.

Il a beaucoup plu en avril 1860, ce qui n'empêcha
nullement les petits plaisirs de la saison.

M. Coste ayant mis des poissons rouges
dans la Seine, les pêcheurs sont obligés
de modifier leur armement.

Beau temps. — Aspect des rives de la Seine
en avril 1861.

MAISON AUDOYER

A LA VILLE DE LYON

MERCERIE

PASSEMENTERIE

GANTERIE

RUBANS

VELOURS

MODES

GROS & DÉTAIL.

PRIX FIXE.

6, CHAUSSÉE-D'ANTIN, 6,

PRÈS LE BOULEVARD DES ITALIENS.

RANSONS & YVES

FOURNISSEURS BREVETÉS

DE S. M. L'IMPÉRATRICE ET DE PLUSIEURS COURS ÉTRANGÈRES

MAISON SPÉCIALE

où sont en vente toutes les Passementeries et Rubans de luxe

DES FABRIQUES DE PARIS, LYON ET SAINT-ÉTIENNE.

PÉTRISSEURS MÉCANIQUES DE A. BOLAND

Breveté en France et à l'Étranger

PROPRETÉ

O. BOLAND FILS

HYGIÈNE

seul constructeur, 52, rue Saint-Louis-en-l'Ile, Paris

PÉTRINS A COMBES HÉLISPIRALÉES, SANS AXE, A RENVERSEMENT, FONCTIONNANT AU MOTEUR ET A BRAS

1835 Médaille d'or. Société d'encouragement.

1836 Médaille d'or. Boulangerie de Paris.

1844 Médaille de bronze. Exposition de l'Industrie.

1849 Médaille d'argent. Exposition universelle.

1851 Grande médaille. Exposition de Londres.

1855 Médaille 1re classe. Exposition universelle.

1860 Médaille d'or. Concours général d'agriculture.

Suppression de tout corps étranger et des sécrétions ammoniacales qui s'échappent du corps de l'ouvrier par l'action pénible du pétrissage.

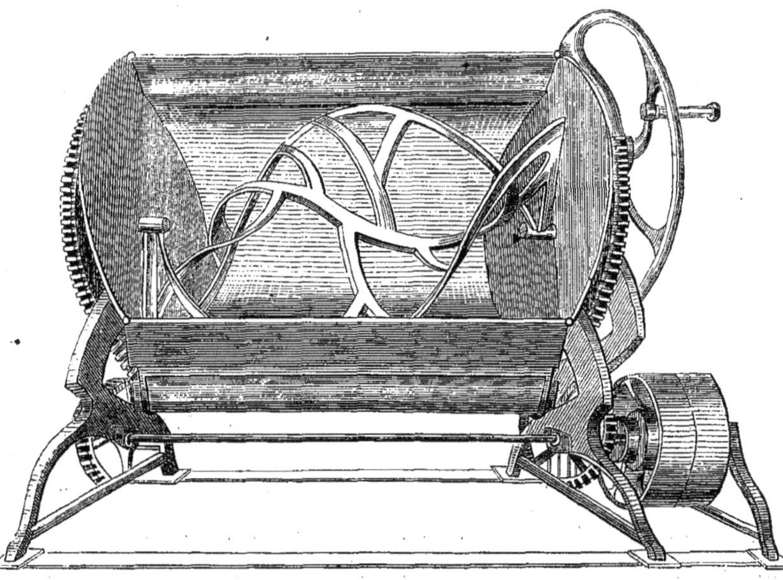

La mécanique appliquée à la Boulangerie a été longtemps à l'état de préjugé défavorable. C'est qu'aussi tous les appareils qu'on avait inventés jusqu'à ce jour s'écartaient des règles théoriques et pratiques les plus ordinaires de l'art.

(*Traité de Boulangerie de A.* BOLAND *père*).

PREMIÈRE DIMENSION.

350 kilos de pâte, pour manutention fonctionnant au moteur.

DEUXIÈME DIMENSION.

250 kilos de pâte pour boulangerie fonctionnant à bras.

TROISIÈME DIMENSION.

80 kilos de pâte pour établissements agricoles et industriels fonctionnant à bras.

Ne pas confondre **BOLAND** *avec* **ROLAND**

La hausse. — Il suffit d'une fausse nouvelle pour faire monter la Bourse jusqu'aux nuages.

La baisse. — Mais une nouvelle fausse ou vraie la fait descendre plus bas que terre.

Les bains de boue de Saint-Amand remplacés par le macadam de nos boulevards.

Grande distribution gratuite des produits de la parfumerie anglaise du boulevard Italien. Un bon moyen d'être toujours sûr d'écouler sa marchandise.

Bouillon partout. Qui boira le dernier?

MAISON LAUGIER PÈRE ET FILS, fondée en 1759.

J^H SICHEL, PARFUMEUR

QUATRE MÉDAILLES D'ARGENT AUX EXPOSITIONS

1834 1839 1844 1849

LA PLUS HAUTE RÉCOMPENSE ACCORDÉE PAR LE JURY A CETTE INDUSTRIE

91, Boulevard Sébastopol, R. D., à Paris

USINE ET ÉTABLISSEMENT POUR L'EXPORTATION : 15, Vieille-Route, à Neuilly-sur-Seine.

La Maison SICHEL est parvenue à réaliser une chose qui jusqu'à ce jour a été considérée comme impossible : à combiner deux substances, dont chacune des propriétés essentielles se complète l'une par l'autre. L'une est la GLYCÉRINE PURE, principe doux des huiles, reconnue depuis longtemps comme produit adoucissant par excellence ; l'autre est le produit efficace du JAUNE D'ŒUF. Une pratique des plus anciennes a prouvé qu'aucune autre substance ne pouvait lui être substituée, tant pour nourrir la peau que pour l'assouplir. Ce nouveau produit, appelé *Glyconine*, BREVETÉ S. G. D. G., est parfumé directement avec l'émanation des fleurs, et n'admet ni drogues ni manipulations chimiques.

A LA VILLE DE LONDRES

MAGASINS

DE

NOUVEAUTÉS

PARIS   PARIS

18, rue du Faubourg-Montmartre

En face les Rues Grange-Batelière *et* Geoffroy-Marie

AUX ARCADES RICHELIEU

106, Rue Richelieu, 106

Près les VILLES DE FRANCE et le boulevard des Italiens.

J. B. HALLARY

PASSEMENTERIE ET RUBANS.

MERCERIE.

TAPISSERIE, TULLES DE SOIE, GANTERIE,
CRÊPES, BLONDES, ARTICLES DE FANTAISIE.

ARTICLES POUR MODES
TAILLEURS ET COUTURIÈRES.

AGRANDISSEMENT CONSIDÉRABLE DES MAGASINS.
Vente en gros et en détail.

Puisque les voilà en train d'augmenter Paris, ils devraient bien du même coup *augmenter*..... non ! agrandir un peu les appartements !

L'augmentation du nombre des voitures parisiennes est assurément un très-grand avantage — pour ceux qui sont dedans.

Petites précautions à prendre désormais pour aller d'un bout de Paris à l'autre.

— Eh ! qu'est-ce que vous faites là ? — Mais, docteur, puisque vous m'avez ordonné les bains *debout* ?

Après le bal. — *Sic transit gloria mundi !*

A la recherche d'un nourrisson.

L'important, d'abord, c'est que nos domestiques soient bien fourrés.

Système Carteron, qui rend les pompiers aussi heureux dans le feu que les poissons dans l'eau.

— Le journal qui dit que les marais ne gèleront pas cette année !... — Vous ne voyez donc pas que c'est un *canard... sauvage !*...

La grande marée de 1860.

Déceptions.

La précaution inutile.

Train de plaisir pour la marée. — Retour.

—Comment! tu vas te baigner par ce froid-là !
—Dame! ma bonne, j'aurai du moins utilisé
mon voyage.

Au retour.

Rendez-moi mon argent !

Les fatigues du voyage ne parviennent pas à
abattre une certaine animation contre M. Babinet

Heureux encore ceux qui n'ont pas rapporté
la grippe !

Tout prêts à céder leurs *Opinions* et à vendre leur *Patrie!*

Recrudescence des prospectus sur la voie publique. Et les règlements de voirie?...

Il y a encore bien des rues qui ont besoin d'être élargies.

Pas de luxe, mais le nécessaire!

Qu'est-ce que je pourrais donc encore bien me mettre pour être complet?

L'*Œil* de la Providence pendant la saison des bals.

— Tout ça est bel et bon; mais du moment que voilà tous les Savoyards devenus Français, quel est l'Auvergnat qui ramonera mes prussiennes?

La *Chiromancie*, nouvelle folie renouvelée par tout l'esprit de M. Desbarolles.

— C'is-y vous que M. de Foy doit envoyer à ma sœur?

PASSAGE MIRÈS

95, Rue Richelieu, 95

et Boulevard des Italiens, 5
PARIS.

ANCIENNE MAISON BOTOT
BARBIER
PROPRIÉTAIRE UNIQUE DE L'EAU DE BOTOT
Maison principale : rue Coq-Héron.

E. LADREY
PHOTOGRAPHE
PORTRAITS, CARTES DE VISITE, STÉRÉOSCOPES
ET VUES STÉRÉOSCOPIQUES.

LAVERGNE
ARTICLES DE VOYAGE
Spécialité de choix
MALLES, ÉTUIS A CHAPEAUX, CAISSES A ROBES, FANTAISIES.

SOMMER & HAMM
ARTICLES DE FUMEUR
PIPES D'AMBRE ET D'ÉCUME, SCULPTÉES
Maison principale : 19, rue de Montmorency.

BOUTIGNY
PORCELAINES, CRISTAUX & BRONZES
Même Maison, Palais-Royal, galerie Montpensier
GRAND SUCCÈS POUR ÉTRENNES :
AQUARIUMS DE SALON ET VASES A PLANTES AQUATIQUES.

GEISSEL
ARTICLES DE PARIS & MAROQUINERIE.

VIALETTE ·
CANNES & PARAPLUIES.

BROQUA
TAILLEUR
Ci-devant place Vendôme.

CLAMOUSE
PARFUMERIE, GANTERIE DES PRINCES.

GESLIN
SPÉCIALITÉ D'ÉVENTAILS.

RODRIGUES, ESPIR & HAIM	POULET-MALASSIS & DE BROISE	THIÉBAULT
Changeurs.	Éditeurs-Libraires.	Horloger, Bijoutier, Orfévre.

AUX NÉGOCIANTS COMMISSIONNAIRES DU COMMERCE
ANGLO-FRANÇAIS

TRÉSOR
DE
LA LANGUE ANGLAISE ET DE SA PRONONCIATION

M. William BONN, auteur du **Trésor de la Langue Anglaise et de sa Prononciation**, a l'honneur d'informer ces Messieurs en rapport avec l'Angleterre, qu'à l'aide de son *Trésor*, et en *trois mois seulement*, il répond de les mettre à même de traiter en anglais toutes les opérations commerciales.

Prix, à forfait : 500 francs.

M. William BONN ose assurer à ces Messieurs qu'au bout de ce laps de temps ils auront une très-bonne prononciation en lisant et en parlant, qu'ils écriront correctement et qu'ils pourront tenir une petite conversation anglaise, qui se perfectionnera au moyen d'un cachet perpétuel que ces Messieurs recevront pour suivre des cours gratuitement.

Si les trois premiers mois de leçons ne suffisaient pas pour atteindre ce but, M. William BONN s'engage à continuer ses leçons, sans rétribution aucune, jusqu'à ce que l'on soit satisfait.

M. William BONN donnera ses leçons tous les jours, pendant plusieurs heures, et il ouvrira un Cours spécial de correspondance anglaise pour ces Messieurs exclusivement.

Dans l'espoir que ces Messieurs voudront bien l'honorer de leur confiance, il a l'honneur de leur présenter ses salutations distinguées.

A. WILLIAM BONN,
97, rue Richelieu, passage Mirès.

EXTRAIT DE L'ARTICLE DE M. PHILARÈTE CHASLES SUR LE *Trésor de la Langue anglaise et de sa Prononciation*,
PAR M. WILLIAM BONN (*Débats* du 28 octobre 1860).

M. A. William BONN, consciencieux et habile grammairien, a fait une œuvre de grande utilité en composant avec un énorme labeur les deux volumes que nous annonçons ici, sous le titre de *Trésor de la Langue Anglaise et de sa Prononciation;* nous les recommandons à ceux qui veulent prononcer l'anglais sans trop de peine et avec pureté. . . . .

. . . Le livre de M. William BONN s'adresse à lui. Au moyen d'un petit nombre de signes connus et qui se gravent sans peine dans la mémoire, l'auteur lui a rendu accessible le labyrinthe obscur de la prononciation anglaise. Divisant pour élucider, il a établi deux lois générales : l'une appliquée à la prononciation *monosyllabique*, l'autre à la prononciation *polysyllabique*. Je ne dois pas le suivre dans le didactique et très-ingénieux enseignement auquel il a consacré sa vie ; je me contente de recommander à ceux de nos compatriotes qui passent de temps à autre le détroit et qui veulent être compris sur l'autre rive cette excellente et facile méthode. Elle a surtout l'avantage de s'adresser à nous et d'être faite pour des Français.

PHILARÈTE CHASLES.

BAINS
DE
NAUHEIM
Près Francfort-sur-Mein.
SAISON DE 1861.

SOURCES CHAUDES JAILLISSANTES.

BAINS ET EAUX THERMALES. — DOUCHES DE GAZ ACIDE CARBONIQUE.

Le voyage se fait par les Chemins de fer de l'Est et du Nord jusqu'à Francfort-sur-Mein en 18 heures.

De Francfort à NAUHEIM, six départs par jour par le Chemin de Fer MEIN-WESER en 55 minutes.

Ces Eaux Bromo-Iodurées et Salines-Muriatiques, si efficaces dans tant d'affections, — les Douches, de Gaz Acide Carbonique, toniques et fortifiantes pour tous les organes,

Sont administrées par les Médecins des premières Universités d'Allemagne.

Un Lac de quatre kilomètres de tour pour le canotage, la natation et la pêche, des environs pittoresques comme but des promenades, des chasses princières et très-giboyeuses, une excellente musique journalière, les salons de conversation de lecture et jeux, les bals et les concerts, font de ces bains un séjour très-recherché.

Bons Hôtels à des prix modérés.
AUCUN ÉTABLISSEMENT DE CE GENRE N'OFFRE LES MÊMES AVANTAGES.

LES PLAISIRS.

Les plaisirs de la promenade.

Les plaisirs de la photographie.

Les plaisirs de chasser dans ses terres....
labourées.

Les plaisirs de l'hôtellerie.

Les plaisirs des bains de mer.

Le plaisir des courses.

Les plaisirs des montagnes.

Les plaisirs au camp.

Enfin... le plaisir de lire la *Gazette des Plaisirs*
lorsqu'on y parle de canotage.

Toute la journée, et tous les jours, et tout l'été; et il est si spirituel, qu'il trouve quelquefois le moyen de persévérer pendant l'hiver.

Tomberont-ils pile ou face?

Au casino d'Asnières. — Équipage du *Tonnant*. — Vivent les guiboles!

Jolie invention que les phodoscaphes!

Mai. — La rivière du bois de Boulogne commence à s'animer.

Juillet. — Dis donc, Guguste, on appelle cela des filles de marbre!

Aujourd'hui, bal au casino d'Asnières; alors il tombera de l'eau.

Le macadam par ces temps-ci. — Nous aurons des régates sur les boulevards.

Lac d'Enghien; régates et feu d'artifice. — On se croirait à un combat naval.

— Oh! du canot! oh! accoste pour embarquer deux hommes de l'équipage!

Lequel arrivera le premier ?
Grande question.

Un homme à l'amer.

Et qu'importe la pluie aux canotiers d'Asnières !

Entente cordiale. — Les suites d'une régate.

— Je... n'en veux pas... de ton... châte u-mar-
got... Je veux du château... villa

Ma femme me conseille les eaux de Baden.

Manière gracieuse de visiter les eaux à Baden.

Manière honorable mais peu agréable de visiter les appartements du duc.

— Monsieur... Milord, on ne peut passer dans cette promenade que de 8 à 10.

MAISON DE COMMISSION GÉNÉRALE

PARIS — 53, rue d'Hauteville, 53 — PARIS

Ameublements, Bronzes, Glaces, Tentures — Corbeilles de Mariage, Modes et Toilettes,

Ornements d'Église, Tableaux, Équipages.

Telles sont les branches de l'industrie et des arts qui, comprenant l'universalité des besoins, constituent la nature des attributions de la Maison de commission générale.

Cette Maison transmet, *avant l'achat*, tous les *renseignements*, *échantillons*, *modèles* et *dessins* de quelque objet que ce soit : Siéges, Meubles, Bronzes, Tentures, Voitures, Instruments, Autels, Statues, Vases sacrés, Tabernacles, etc.

Elle envoie à choisir tous les objets qui servent à composer les Corbeilles de Mariage, Trousseaux et Layettes, tels que : *Cachemires de l'Inde et de France, Dentelles, Diamants, Bijoux, Montres, Cadeaux, Objets d'Art et de Fantaisie.*

Lorsque ses Clients viennent à Paris, cette Maison les conduit chez ses fournisseurs, à la source première de production, et les fait ainsi profiter de véritables prix de fabrique, en les mettant en rapport direct avec les producteurs de chaque genre de marchandises.

S'adresser à M. le Directeur

RUE D'HAUTEVILLE, 53

A PARIS.

Un chien qui s'est aventuré dans une promenade badoise.

Un romancier allemand.

Un soliste de l'orchestre.

Un joueur heureux.

Souffrances physiques et morales des habitués de quelques tables d'hôte à Bade.

Une rue de Bade, à la fin de la saison.

Vue intérieure de l'établissement des eaux.

Voulez-vous faire connaissance à Bade ? passez-vous le sel.

La *mer* est mauvaise.

Les *Canotiers de la Seine.* — Voilà une pièce qui
n'est point tombée dans l'eau.

LE CAPITAINE. — Baissez l'artimon, hissez les
bonnettes et carguez les kâtâkoas.
L'ÉQUIPAGE. — Zut !

Nos canotiers continuent à s'amuser sur
et dans la Seine.

La pluie n'empêche pas les régates.

Le *Great-Eastern*, ce n'est toujours qu'un point
à l'horizon.

Un canotier fini.

. Le tour de Marne. — Que diable allaient-ils faire dans
cette galère?

Nous n'avons pas Venise..... avec ses gondoliers,
Mais nous avons la Seine..... avec ses canotiers (10 fois *bis*).

COMMISSION.
INVENTEURS DU LAIT DE CACAO.
EXPORTATION.
EAU DE COLOGNE
PARFUMERIE DU MONDE ÉLÉGANT
DU GRAND CORDON

Grandes régates à Saint-Cloud. — Galerie sur la berge. — Hardi! Polite... hardi! l'Astèque... hardi! Bastien... Y sont crevés; du mal! du mal!!...

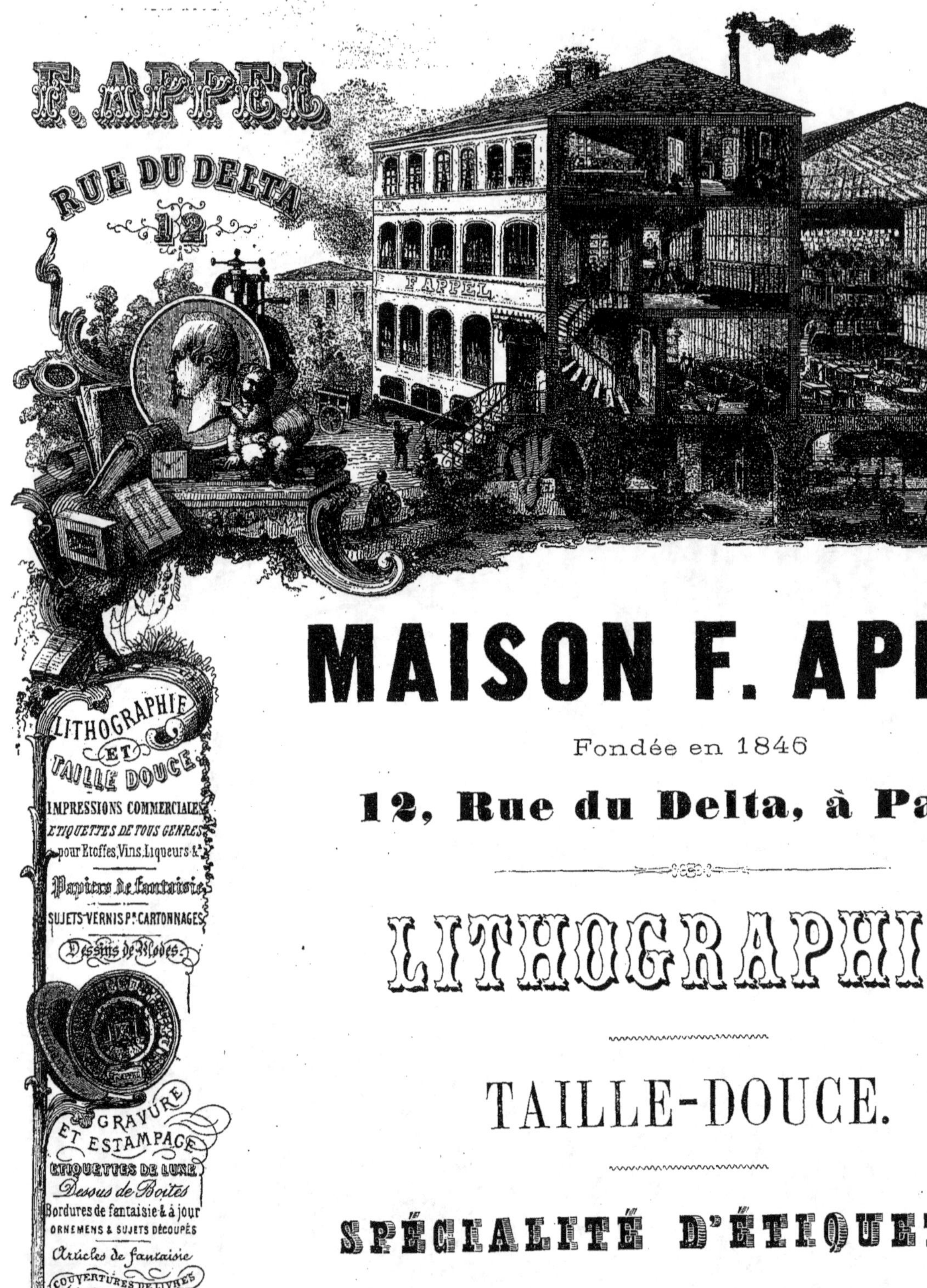

F. APPEL
RUE DU DELTA
12
LITHOGRAPHIE ET TAILLE DOUCE
IMPRESSIONS COMMERCIALES
ÉTIQUETTES DE TOUS GENRES
pour Étoffes, Vins, Liqueurs &.
Papiers de fantaisie
SUJETS VERNIS P. CARTONNAGES
Dessins de Modes
GRAVURE ET ESTAMPAGE
ÉTIQUETTES DE LUXE
Dessous de Boîtes
Bordures de fantaisie & à jour
ORNEMENS & SUJETS DÉCOUPÉS
Articles de fantaisie
COUVERTURES DE LIVRES
&.
CARTES D'ÉCHANTILLONS
Papeterie
F. APPEL

Relâche pour cause d'indisposition.

Remonter le courant. — Quand on a bien travaillé toute la semaine, qu'il est doux de se reposer le dimanche!

Ce qui peut dégoûter tout à fait de la chasse aux canards.

— Encore ces maudits canotiers, et dire que ça mordait, et mes lignes qui cassent! Brigands, pirates!
— Ohé! ne vous fâchez pas, bourgeois, nous allons traverser la *ligne*.

VINS, LIQUEURS & EAUX-DE-VIE
Aⁿᵉ SOCIÉTÉ BORDELAISE ET BOURGUIGNONNE

SUCCURSALES :

96, rue Montorgueil.	295, rue Saint-Denis.	150, rue Saint-Lazare.	14, rue de l'Ancienne-Comédie.
48, rue Charlot.	27, rue Richelieu.	104, rue Saint-Martin.	64, rue Notre-Dame de Lorette.
12, rue du Chaume.	50, rue Aumaire.	22, rue Mouffetard.	82, rue Montmartre.
50, rue Galande.	3, rue de la Grange-Batelière.	29, rue Constantine.	5, Grande-Rue (Batignolles).
43, rue de la Chaussée d'Antin.	1, rue Paul le Long.	69, rue du Faubourg-du-Temple.	28, rue Caumartin.
1, rue Borda.	62, rue de l'Hôtel-de-Ville.	98, rue du Château-d'Eau.	140, rue Saint-Honoré.
82, rue des Ecoles.	14, rue Saint-Lazare.	9, rue Neuve Saint-Augustin.	4, rue Lafayette.

La gandine.

ENGLISH ROYAL YACHT-CLUB.
Aoooh.......

L'Irrésistible.

La Provocante.

Equipiers portant la gaffe.

La chaloupe orageuse.

Où peut-on cuire mieux qu'au sein de sa famille?

Enlevez l'ablette !

Rivalités de la fin de la saison.

— Il y en a tout de même, des malades.

JOURNAL AMUSANT

A partir du 1er janvier 1861, le *Journal amusant*, qui donne dans l'année au moins 2,000 dessins comiques, va donner de plus, à tous ses abonnés, un magnifique ouvrage biographique, orné de portraits des célébrités du jour, dessinés sur pierre d'après les meilleures photographies de Paris. Chaque semaine, une livraison, composée d'un portrait parfaitement ressemblant, accompagné d'une biographie, sera adressée aux abonnés en même temps que le *Journal amusant*, et sera envoyée GRATIS. — Le *Journal amusant* paraissant 52 fois dans l'année, on recevra donc 52 livraisons de portraits, c'est-à-dire un très-beau vol. de 208 pag., sur beau papier, imprimé avec art. — Le prix du *Journal amusant* reste néanmoins fixé à 17 fr. pour un an, — 10 fr. pour six mois, — 5 fr. pour trois mois. — Adresser un bon de poste à M. PHILIPON fils, 20, rue Bergère.

LA TOILETTE
DE PARIS

Charmant journal de modes qui paraît deux fois par mois, et ne coûte cependant que **5 fr. par an.** — Les abonnements partent du 1er juillet ou du 1er janvier. — Envoyer un bon de poste à M. PHILIPON fils, 20, rue Bergère.

CIGARES

pour la cessation **instantanée** de la

SUFFOCATION

et la guérison radicale de l'

ASTHME.

Trois années de succès.

AD. BARÉ, PHARMACIEN,

14, rue Culture-Sainte-Catherine.

3 fr. la Boîte contenant 35 cigares.

MALADIES DU SANG

ESSENCE DE SALSEPAREILLE

Dépuratif par excellence et sans mercure des MALADIES DU SANG et des HUMEURS, DARTRES, Boutons au visage, Rougeurs à la peau, Ulcérations, Scrofules, Démangeaisons, et toutes les affections provenant d'un virus quelconque, etc., etc.

3 FRANCS LE FLACON. — 15 FRANCS LES SIX FLACONS

A LA PHARMACIE FOURQUET

29, rue des Lombards, Maison de la *Barbe d'or*

(EXPÉDITION) **PARIS** (EXPÉDITION)

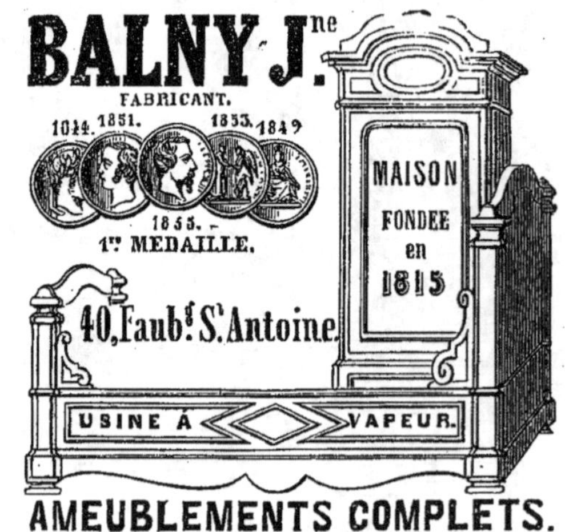

AMEUBLEMENTS COMPLETS.

HYDROTHÉRAPIE

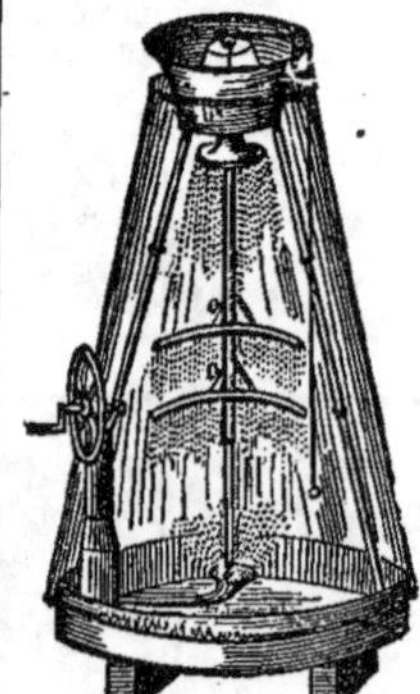

NOUVEAUX MODÈLES D'APPAREILS

POUR *Douches en pluie, Bains de siége, Bains de pieds* à eau courante.

APPAREILS POUR BAINS DE VAPEUR. SPÉCIALITÉ DE BAIGNOIRES. APPAREILS POUR CHAUFFER LES BAINS.

A LA FABRIQUE de Calorifères, Cheminées, Fourneaux de Cuisine, etc, etc, de

CHEVALIER

Fournisseur breveté de LL. MM. l'Empereur des Français, le Roi des Belges, la Reine d'Espagne, le Roi de Portugal, l'Empereur du Brésil. — 23 Médailles.

34, Rue de Ménilmontant, 34

Anciennement Place de la Bastille.

Quand j'étais valet de chambre, au moins je me faisais habiller au *Pavillon de Rohan*. C'est là qu'on vous cuisine bien une livrée !....

Le concierge. — Tel que vous me voyez, j'ai porté la hallebarde, le baudrier et le grand chapeau galonné ; mais dans ce temps-là *Concierge* se prononçait : *Suisse*.

C'est-y bien la peine, pour une malheureuse remise de quelques roues de derrière, d'être ainsi mal fagoté. Au moins chez Carrière, si nous n'avons rien, nous sommes aussi bien habillés que nos maîtres.

A LA NOUVELLE HÉLOÏSE
14, RUE DE RAMBUTEAU, 14
(au coin de celle du Temple, 60)

VASTES MAGASINS DE NOUVEAUTÉS
GRANDS ASSORTIMENTS DE TOUTES LES ÉTOFFES
CORBEILLES DE MARIAGE

La **NOUVELLE HÉLOÏSE** veut devenir une grande Maison, et c'est en vendant sincèrement **BON MARCHÉ** qu'elle obtiendra vite ce résultat. Aussi prend-elle l'engagement formel de vendre n'importe quel Article, comparaison faite, au moins 20 % au-dessous du prix ordinaire des autres Maisons de Paris, garantie unique et sans précédents, dont l'initiative appartient à la **NOUVELLE HÉLOÏSE**.

..... Nous nous mîmes tous aux rames, et presque au même instant j'eus la douleur de voir Julie, faible et défaillante, au bord du bateau.

(Nouvelle Héloïse. J. J. Rousseau.)

Cette ancienne Maison se recommande aux Acheteurs par sa **VENTE A BON MARCHÉ**, le choix varié de ses Assortiments, et par la réputation de bonne foi qui préside à toutes ses Transactions ; Remboursement immédiat des Articles achetés qui auraient cessé de convenir.

CACHEMIRES
DES INDES ET DE FRANCE

PRIX FIXE
Marqué en Chiffres connus

Toi, m'tripoter....., minute!....

J'te r'pincerai, va!... moucheron!...

CABOURG-LES-BAINS

Cette petite ville de bains de mer, de toute récente création, est déjà renommée pour son sable fin, doux aux pieds, et sa plage tranquille:

Jadis à Cabourg la dune succédait à la dune; à peine un sentier était-il tracé pour le pêcheur. Maintenant rien ne manque à ces lieux, le luxe y devient de première nécessité : on joue le vaudeville, on danse, on chante, et le flot attentif baigne doucement la rive autrefois déserte; les châteaux, les hôtels s'élèvent, et les rues se forment.

En résumé, Cabourg-les-Bains, naguère encore petit village ignoré, est dès à présent une petite ville, et des plus jolies. On n'y trouvera pas, du moins d'ici quelques années, l'animation, la foule, le bruyant de quelques cités de bains voisines; mais si l'on désire au contraire la tranquillité pour soi, la sécurité pour ses enfants; si l'on veut se contenter d'un air excellent, de bains appétissants et de sites admirables ; si l'on doit compter avec ses dépenses, on ne pourra pas mieux choisir.

La ville, des deux côtés du Casino, qui forme le centre, s'ouvre en éventail devant la mer ; — et, à point de mesures dont la pauvreté afflige et jure au milieu d'une villégiature élégante ; ce ne sont que petits palais, maisons, maisonnettes et chalets d'une architecture coquette et pleine de fantaisie.

Ce double paysage si rare à rencontrer aux bords de l'Océan, de la mer d'un côté et de la campagne ombreuse de l'autre ; ce double attrait qui s'attache au mouvement d'une population côtière qui pêche et qui cultive, expliquent suffisamment la vogue de Cabourg-Dives.

Le Casino, magnifique bâtiment, est placé sur le mamelon le plus élevé, et possède une scène et un orchestre pour spectacles, concerts, bals et réunions.

PAPETERIE DORVILLE

DUCHESNE, SUCCESSEUR

Rue des Fossés-Montmartre, 6

PRÈS LA PLACE DES VICTOIRES

PARIS

FOURNITURES DE BUREAUX

pour Maisons de BANQUE, COMMERCE et CHEMINS DE FER

SPÉCIALITÉ DE REGISTRES

BREVETÉS S. G. D. G.

Seule Maison de vente de la **PLUME DUCHESNE**

EN MÉTAL INOXYDABLE

La boîte, 2 fr. 50.

DÉPOT DE LA **PLUME HUMBOLDT**

BREVETÉE

GRANDE FABRIQUE DE CAFETIÈRES ROMAINES & AUTRES

Brevetées pour leurs Fermetures nouvelles qui en garantissent la durée

EXPOSITION UNIVERSELLE DE 1855

La REINE d'Angleterre et l'EMPEREUR, à leur visite à l'Exposition, ont complimenté l'Inventeur et ont fait choix de 2 de ses Cafetières.

PENANT

PARIS 1855
Seules Médailles décernées.

DIJON 1858
Seules Médailles décernées.

Magasin et Fabrique rue de l'Arbre sec, 60 — Succursale rue Vivienne, 20.

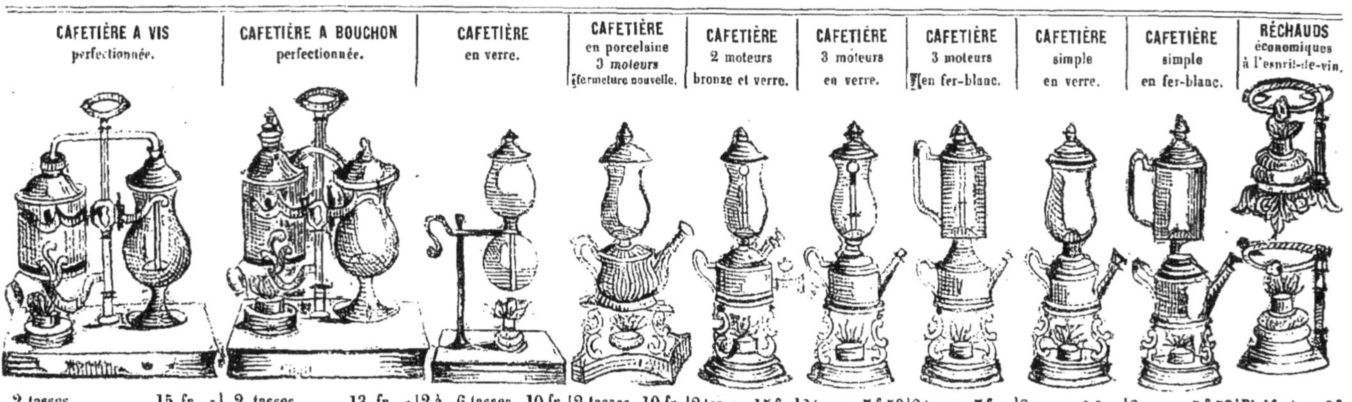

CAFETIÈRE A VIS perfectionnée.	CAFETIÈRE A BOUCHON perfectionnée.	CAFETIÈRE en verre.	CAFETIÈRE en porcelaine 3 moteurs (fermeture nouvelle).	CAFETIÈRE 2 moteurs bronze et verre.	CAFETIÈRE 3 moteurs en verre.	CAFETIÈRE 3 moteurs (en fer-blanc).	CAFETIÈRE simple en verre.	CAFETIÈRE simple en fer-blanc.	RÉCHAUDS économiques à l'esprit-de-vin.
2 tasses........ 15 fr. »	2 tasses..... 13 fr. »	2 à 6 tasses, 10 fr.	2 tasses, 10 fr.	2 tasses, 15 fr.	2 tasses, 7 f.50	2 tasses, 7 fr. »	2 tasses, 6 fr. »	2 tasses, 5 f 50	Pied fonte... 3 f.
3 — .... 16 »	3 — ..... 14 »	6 à 8 — 12	4 — 12	4 — 16	4 — 8 »	4 — 7 50	4 — 6 50	4 — 6 »	D° porcelaine 3
5 — .... 17 »	5 — ..... 15 »	8 à 12 — 14	6 — 14	6 — 18	6 — 8 50	6 — 8 »	6 — 7 »	6 — 6 50	D° d° cuivre, 4
10 — .... 22 »	10 — ..... 20 »		8 — 16	8 — 20	8 — 9 50	8 — 9 »	8 — 8 »	8 — 7 50	D° d° décoré, 6

Grand choix unique de décors nouveaux : 600 modèles variés, de tous prix.

APPAREILS A EAU DE SELTZ ET POUDRES : BRONZES, MÉTAL ANGLAIS DES PREMIÈRES FABRIQUES D'ANGLETERRE.

IRRIGATEURS DU DOCTEUR ÉGUISIER & CLYSO DE VOYAGE.

CONGÉLATEUR-CONSERVATEUR, APPAREIL POUR FAIRE LA GLACE SOI-MÊME : 25 FRANCS.

NOUVELLE CHAUDIÈRE A VAPEUR

Système HÉDIARD et JOLY, d'Argenteuil

BREVETÉ s. g. d. g.

Ces Chaudières réunissent les conditions les plus avantageuses :

Elles occupent peu de place ;

Elles sont en pleine vapeur en **vingt minutes;**

Elles ne présentent **aucun danger d'explosion ;**

Elles produisent une économie de combustible d'environ **35 pour cent,** car elles vaporisent, en **vapeur sèche, de 9 à 10 litres d'eau** par kilogramme de charbon.

Ces avantages ont été constatés par de nombreuses expériences.

Les personnes qui voudraient s'assurer par elles-mêmes de leur réalité peuvent visiter, chez **M. JOLY, à Argenteuil,** les Chaudières de ce système qui y fonctionnent **journellement** pour le service des Ateliers.

S'adresser également, pour les conditions de vente, ou tous autres renseignements, à **M. HÉDIARD,** gérant de la Société, **rue Taitbout, 25, à Paris.**

REVUE PARISIENNE.

L'industrie subit chaque jour une marche ascendante ; il faut une attention soutenue pour suivre pas à pas les progrès que font les diverses branches de notre commerce. Pour mettre nos lecteurs au courant des nouveautés, nous allons passer en revue quelques-uns des produits créés en vue du premier jour de l'an.

Avis à ceux qui ont à donner et qui sont assez riches pour s'offrir la douce satisfaction de faire des heureux. Il y a deux sortes d'étrennes, les utiles et.... les inutiles. Dirons-nous cela ? Non certes. Cependant il y a une grande différence dans ces deux mots. Nous entendons par étrennes utiles tout objet appelé à un service journalier; étrennes inutiles, et qui cependant plaisent beaucoup aux dames et aux enfants, ces mille et une fantaisies de la confiserie parisienne, qui du reste vient encore de monter un échelon par l'installation des magasins d'un spirituel vaudevilliste.

Puis, dans un autre quartier, voyez la foule qui se presse dans les magasins *des Palmiers,* rue Saint-Honoré, 254; la maison Terrier ne désemplit pas. Qu'on vienne nous dire encore que les bonbons sont des étrennes inutiles! Allons donc ! Ne serviraient-ils qu'à produire un gracieux sourire, étincelant de trente-deux jolies perles, qu'une joie expansive et un gros baiser d'un gentil chérubin! C'est d'un bon rapport....

Néanmoins, il nous faut revenir aux étrennes qui restent, qui se gardent, qui servent, enfin.

A cet effet, nous appellerons l'attention sur une nouvelle *cafetière,* appelée à juste titre l'*Excellente.* Cette cafetière, d'un modèle entièrement nouveau, est un véritable objet d'art et constitue un délicieux cadeau. Son usage est des plus faciles, et sa construction est combinée de façon à produire un très-bon café, conservant tout son arome. *M. Raparlier,* 50, *rue de Rambuteau,* l'inventeur de ce nouvel appareil de distillation, a tout prévu, tout calculé pour faire de la *Cafetière l'Excellente* un objet indispensable de tout ménage ami du confortable.

Nous sommes bien sûr d'être dans le vrai en disant qu'il y a bien peu de nos élégantes qui n'aient jeté en passant un regard de convoitise sur les délicieux petits meubles exposés dans les vitrines de *M. Zimberg, passage des Panoramas,* et certes, nous ne pouvons leur en faire un crime, car franchement rien n'est plus désirable que ces mille riens, délicieux de fantaisie, d'élégance et de bon goût. Boîtes à thé, à gants; nécessaires de toutes sortes; coffrets de tous les styles, de toutes les époques, où l'or, l'écaille, la nacre, l'ivoire, se mêlent aux bois les plus rares, ébène, palissandre, érable, santal; tous ces ravissants petits meubles sont pour la plupart des objets d'art, de petits chefs-

d'œuvre. Du reste, rien n'étonne plus de la part de M. Zimberg ; c'est un artiste de beaucoup de goût, qui depuis longtemps a fait ses preuves, et dont le mérite est apprécié par ce que tout Paris compte de goûts fantaisistes et élégants.

Nous mettrons aussi au nombre des étrennes utiles les charmantes lorgnettes de *M. Chevalier, galerie de Valois (Palais-Royal).* On ne saurait se faire une idée du goût qui préside aux produits de la maison Chevalier, connue depuis longtemps par la place qu'elle a su se faire dans l'industrie de l'optique.

Si nous engageons les messieurs à penser à vous, Mesdames, il est bien juste qu'il y ait réciprocité. Aussi allons-nous vous donner le moyen de rendre gracieuseté pour gracieuseté. L'usage du tabac.... Pouah! fi! l'horreur! Rassurez-vous, Mesdames, le tabac est augmenté, c'est vrai, mais les fumeurs n'en diminuent point pour cela. Le tabac depuis Richelieu a fait bien du chemin; il s'est ancré dans nos mœurs; il est bien passé à l'état d'habitude, mauvaise, sans doute, mais que faire? Oui, Mesdames, tout le monde fume; vos maris, vos amis fument. Dans le commencement, vous vous plaignîtes; qu'arriva-t-il : on déserta la maison pour le club, le café, et vous restâtes seules; enfin vous fîtes contre fortune bon cœur, vous essayâtes en cachette d'abord, puis plus ostensiblement, d'approcher une cigarette de vos lèvres roses ; poussées par l'inconnu, cet inconnu qui perdit notre mère Ève, vous voulûtes savoir quel attrait puissant le tabac pouvait avoir ; après essais, après réflexion, vous avez trouvé cela très-mauvais, et vous avez raison ; mais les hommes ! oh ! les hommes, il est évident qu'ils trouvent cela très-agréable ; les uns fument le cigare, d'autres la cigarette, beaucoup.... la pipe. Ne vous récriez pas, charmantes lectrices, il y a pipe et pipe comme il y a fagot et fagot. La pipe implique à votre pensée ces horribles petits instruments en terre, noircis par l'usage, répandant une âcre odeur de tabac décomposé, et rendant l'haleine fétide. Grâce au progrès, la pipe s'est transformée, Je n'en citerai pour exemple que celles fabriquées par *MM. Sommer et Hann, passage Mirès, et 19, rue Montmorency.* Les bois précieux, l'ambre, l'écume, cette matière blanche, poreuse, légère, se prêtent à toutes les transformations possibles ; nous en avons remarqué de fort riches, de véritables objets d'art. Que vous dire de plus, sinon de vous engager à donner à vos maris une belle pipe de la maison *Sommer et Hann ?* de cette façon ces messieurs ne déserteront plus le toit conjugal (style ancien) pour le café : ils resteront près de vous, le temps se passera en causeries intimes, tout en satisfaisant une passion bien innocente, et contre laquelle n'ont jamais fulminé que les moralistes à contre-sens et les esprits quinteux.

Pendant que vous serez en veine de générosité, il faudra penser à tout ce qui peut plaire à vos maris ; c'est un bon conseil. Du reste, je suis un homme, et je suis bien persuadé que vous taxerez mes conseils d'égoïsme. Qui n'est pas égoïste, plus ou moins? Mais laissons ce détail, et puisque j'ai pour tâche de vous renseigner, laissez-moi vous engager à visiter les beaux magasins de la *Maison Daniel, M. Loiseau, successeur, passage du Saumon* : une belle lingerie pour hommes, de ravissantes cravates, des cols, de splendides foulards, enfin les accessoires obligés de toute toilette élégante ; et devant toutes ses merveilles vous n'aurez qu'une difficulté : ce sera de choisir.

Maintenant revenons à ce qui peut vous plaire. La parfumerie tient aussi sa place dans les cadeaux, surtout aujourd'hui, où non-seulement elle est devenue une science, mais un art. Il est de bon goût d'offrir à l'occasion des étrennes un joli coffret, renfermant un choix de parfums. La *Maison Rinnel, boulevard des Italiens,* qui depuis sa formation a su se faire une belle place dans le monde de l'élégance, a cette année une quantité d'objets charmants pour étrennes, de magnifiques boîtes de luxe, garnies de flacons d'essences rares et précieuses, sachets parfumés ; de plus, *M. Rinnel* vient d'éditer un délicieux petit almanach, admirable de fantaisie, richement imprimé. Ce n'est point un almanach vulgaire que l'almanach Rinnel ; il a une qualité toute particulière, c'est que sous son enveloppe toute satinée, aux chatoyantes couleurs, se cache un ravissant parfum de violettes. Aussi, tout modeste qu'il puisse paraître, a-t-il bien son mérite.

Parlons maintenant d'une invention sérieuse. *M. Émile Bardou, rue Neuve-des-Petits-Champs, 42,* vient de créer un nouveau *Portebouteilles en fer, à châssis mobiles et à fermeture coulisses.* Ce système, entièrement neuf, remarquable tant par sa simplicité que par sa légèreté et sa facilité de transport, est appelé à rendre de grands services, et les *Porte-bouteilles en fer* de *M. Émile Bardou* deviendront le meuble indispensable de toutes les caves. Sûreté, solidité, place minime, tels sont les problèmes résolus par le nouveau système, et qui seront appréciés à leur valeur par le public.

Passons maintenant en revue des industries de toute nature. Le lecteur, averti, ne pourra donc pas nous en vouloir de passer sans transition aucune d'un article à un autre ; nous ne saurions trop répéter que nous donnons purement et simplement des renseignements dans le seul but d'être agréable et utile à nos lecteurs.

Les appareils à eau de Seltz sont peut-être ceux qui ont le plus occupé les inventeurs. En effet, l'usage de l'eau de Seltz se généralise ; aussi est-il peu de ménages qui ne soient munis d'un appareil. Cependant, parmi les nombreux appareils connus jusqu'à ce jour, tous n'atteignent pas complètement le but que le public est en droit d'attendre et ne remplissent pas toutes les conditions exigées. Nous devons donc recommander tout spécialement les nouveaux *Siphons de M. Laumonier, breveté S. G. D. G., 62, rue Fontaine-au-Roi.* Ce nouvel appareil, dont le prix est fort modique, est d'un emploi facile. Le résidu des poudres ne peut se mêler à l'eau, ce qui la rend très-hygiénique ; elles sont contenues dans un récipient mobile. Enfin les avantages réunis dans ce nouvel appareil sont précieux à plus d'un titre, et nul doute qu'avant peu l'usage en sera général.

Les applications de l'électricité sont multiples, tout le monde le sait. Chaque jour l'industrie enregistre sur son livre d'or de nouvelles inventions dignes du plus grand intérêt. Faire servir l'électricité à nos usages journaliers avait éveillé depuis longtemps l'attention des chercheurs ; leurs recherches ont été couronnées de succès. En effet, *MM. Jarriant et Cie, 9, rue Vendôme, au Marais,* ont résolu le problème de l'électricité appliquée à nos usages ordinaires. Leurs nouvelles sonneries électriques remplissent entièrement le but proposé. Avec leur nouveau système, on obtient des résultats surprenants. Sonneries aux portes, fenêtres ; communications instantanées dans les parties les plus éloignées d'un vaste établissement ; sécurité des valeurs en coffre-fort ; assurance contre les incendies par l'application du thermomètre électrique, etc., etc. Que dire de plus, si ce n'est qu'en présence de pareils résultats on ne peut mettre en doute l'opportunité des applications électriques?

Nous avons visité, il y a peu de temps, un immense établissement situé 12, *avenue Dauphine,* près l'avenue de l'Impératrice, appartenant à *M. Eugène Delessert,* successeur de M. Godillot dans l'entreprise des fêtes publiques et privées. De vastes magasins sont disposés de façon à contenir l'immense matériel nécessaire à toutes les fêtes. Beaucoup des objets employés en pareil cas sont tout placés en vue de l'effet qu'ils peuvent et doivent produire.

Cet établissement, le seul en son genre, fait vivre et travailler tout un monde de peintres décorateurs, charpentiers, menuisiers, ferblantiers, lampistes, tapissiers. Tout est prévu, calculé, de sorte qu'en peu de temps on peut donner une fête sans se préoccuper des moindres détails. Tentes, tribunes, armoiries, trophées, tout se rencontre dans cet établissement, dirigé avec un soin tout particulier. Avis aux donneurs de fêtes ; en peu de temps, la maison Eugène Delessert satisfera toutes les exigences.

M. Lentz, facteur de pianos, 40, chaussée Clignancourt (Montmartre-Paris), est l'inventeur du nouveau piano scandé. Cette invention remarquable a valu à M. Lentz des récompenses aux expositions. Il est difficile de trouver dans ces instruments nouveaux plus de sonorité. Rien du reste n'est changé dans l'emploi des pianos scandés, qui depuis leur apparition ont fait sensation dans le monde musical. M. Lentz, artiste lui-même, a réuni dans ses instruments tous les progrès possibles.

L'Athénée des arts, la Société des sciences, arts et manufactures, n'ont point voulu être en reste d'initiative et ont accordé à M. Lentz des médailles comme récompense de ses travaux.

Parlons encore des étrennes, la question prochaine, et surtout des étrennes utiles. Indiquons quelques maisons spéciales, et qui ont su acquérir une réputation justement méritée. Pour les bijoux, chaînes merveilleuses de fantaisie et de richesse, la *Maison Chevalier, rue Rambuteau,* offre, pour le premier jour de l'année, un choix nombreux ; puis la *Maison Robert, 112, rue du Temple,* vient de mettre en vente des collections de couverts Ruolz de modèle nouveau, de belles pièces d'orfévrerie de table. Grâce aux travaux des producteurs de toute sorte, la classe moyenne n'est plus dans l'obligation de dîner avec d'affreux couverts en fer. La maison la plus simple, le ménage du travailleur le plus modeste, peut aujourd'hui se donner sans privations le plaisir de manger dans l'argenterie : n'est-ce pas un véritable progrès?

On prétend que le climat en France est tempéré ; tout jeunes, nous avons appris cela dans la géographie de l'abbé Gautier. Nous sommes loin de mettre en doute la science de l'excellent abbé : toujours est-il que voilà plus d'une année qu'il fait froid et qu'il pleut ; nous ne pouvons accuser personne : il est cependant pénible d'être toujours mouillé. Que de rhumes, coryzas, etc., s'ébattent à plaisir sur une bonne partie des humains! Hippocrate a dit : « La santé, c'est d'avoir la tête fraîche et les pieds chauds. » Certes, le remède est si simple, si facile, que ce serait sottise de ne pas le suivre de point en point. Recourons encore à l'industrie.

Le caoutchouc nous viendra en aide, et les Maisons *Rattier* et *Larcher*, toutes deux *rue des Fossés-Montmartre*, mettront à la disposition du public une quantité d'objets divers : aux hommes les chaussures et les manteaux en caoutchouc, aux dames le *Chauffe-pieds Larcher*, du nom de son inventeur. Ainsi munis, nous pouvons braver les intempéries et les plaisanteries hydrauliques du printemps et de l'hiver.

Puisque le mot hydraulique s'est trouvé sous notre plume, nous ne pouvons passer sous silence les nombreux appareils de ce genre de la *Maison Plasse, quai Valmy*, près le faubourg du Temple. Il est de mode aujourd'hui de placer de grands bassins dans les jardins ; chaque bassin est muni d'un jeu d'eau, soit en gerbe, soit en jet. M. Plasse a perfectionné les effets ordinaires en donnant à ces jeux d'eau des formes diverses. Ces sortes d'appareils sont nombreux, et l'amateur se trouve souvent embarrassé de faire un choix ; du reste tout est fantaisie, et parmi les créations nombreuses de *M. Plasse* on peut toujours trouver ce qui peut plaire.

Cette maison, une des premières en ce genre, ne s'en tient pas seulement à la fabrication de ces appareils de loisirs, elle possède une spécialité sérieuse de pompes de toute espèce : à incendie, arrosement, épuisement. Cette industrie aussi est en progrès, et pour s'en convaincre, il suffit de visiter ses magasins.

Étrennes, dit : hiver, jours courts, commencement des longues soirées au coin du feu. Attristé par le mauvais temps, l'absence du soleil, on a recours au soleil factice (orgueilleuse comparaison, vraie sûrement) ; les lampes deviennent donc nécessaires. Que de transformations les lampes ont-elles subies, à partir du fumeux quinquet jusqu'à la lampe modérateur, et encore cette dernière a donné lieu à bien des perfectionnements. De tous les systèmes connus, nous pensons que la *nouvelle lampe Sebillat* est appelée à résumer tous les progrès à venir. La *Lampe Sebillat*, dont l'entretien ne diffère en rien des lampes ordinaires, a une seule mèche, et les soins apportés à sa fabrication sont les motifs qui la font adopter. On comprend à première vue tout le parti qu'on peut en tirer. Il suffit de voir fonctionner la *lampe à trois mèches* pour être frappé des avantages qui résultent de ses effets multiples. Ce système est des plus ingénieux ; la lampe à trois mèches, ainsi que nous le disons, peut rendre de grands services, qui peuvent se résumer ainsi : 1° petite mèche servant de veilleuse ; 2° mèche seconde, dont la clarté est douce pour le travail ; 3° mèche donnant un éclairage brillant. Ces mèches s'allument l'une par l'autre, ne brûlent que séparément, et sont disposées de façon à donner à volonté l'intensité plus ou moins forte de la lumière. Ces précieuses lampes se trouvent chez *M. Gauthier, rue du Château-d'Eau*, 74, boulevard des Italiens, 19, et rue de Choiseul, 22, où on peut les voir fonctionner.

Le *Géant du Café-concert* tenu par l'habile M. Paris, boulevard du Temple, est sans exagération le plus grand qu'on ait vu jusqu'à ce jour.

On a remarqué que tous les hommes que la nature avait formés de gigantesques proportions étaient mal partagés sous le rapport de l'intelligence. Le géant du café Paris se trouve dans d'autres conditions : instruit, causeur agréable, il a beaucoup vu, beaucoup lu, et prouve une fois de plus que la nature a souvent des bizarreries inexplicables.

La Crème de la Mecque de *Madame Dussez*, 4, rue de Grenelle-Saint-Honoré, rend au teint toute sa fraîcheur.

La Crème de la Mecque n'emprunte rien à la chimie ; c'est un composé de sucs de plantes rares, complétement unifiées, et dont les qualités ont toujours été appréciées par les hommes scientifiques.

La Ville de Lyon, passementerie de l'Impératrice Eugénie, 6, rue de la Chaussée-d'Antin, offre pour étrennes de jolies boîtes de mercerie, qui font songer à la quenouille de l'adroite princesse des contes de Perrault. — En envoyant une semblable boîte, c'est dire à une jeune femme ou à une jeune fille : « Je sais que vous êtes bonne et laborieuse, et que vous faites des layettes pour les orphelins. »

A côté de ces boîtes de cartonnage illustrées, on trouvera des coffrets à ouvrage en bois d'ébène, de rose, avec ferrures d'acier poli, en chêne sculpté, d'une richesse et d'un goût artistique le plus pur ; puis enfin des nécessaires charmants, de délicieuses ménagères, des sacs de voyage et un grand choix d'articles anglais. — Pour les petites filles…. des surprises charmantes…, de fraîches pommes d'api, de grosses cerises, ayant toutes un secret….

Nous avons déjà dit que la majeure partie de nos industries poussaient le progrès jusqu'aux arcanes les plus approfondis de l'art. Nous venons encore une fois de constater ce fait en visitant les magasins de meubles de la *Maison Gradé, rue Castex*, 9, et ceux de la *Maison Hamon, faubourg Saint-Antoine*. Il serait difficile de trouver un plus joli choix de meubles destinés à être offerts comme cadeaux d'étrennes, meubles en bois de rose garnis de porcelaines, bronzes dorés, incrustations pleines de richesse et de fantaisie, coffrets en bois rares, Boule, boîtes à thé, à gants, à bijoux ; fantaisies charmantes pour étagères. Joignez à cela de somptueux ameublements pour salons, boudoirs, d'une grande richesse et d'un goût charmant, et vous n'aurez qu'une idée imparfaite de toutes ces merveilles. L'occasion ne peut être plus belle ; aussi engageons-nous nos lecteurs à faire une visite dans ces deux magasins, où ils se convaincront que nos éloges ne sont pas hyperboliques, qu'ils ne sont que justes.

Sur ce, je termine, chers lecteurs, en vous donnant une anecdote dont la véracité nous a été démontrée. Il ne me reste plus qu'à vous souhaiter, aux hommes, toutes sortes de choses !!! aux dames, de belles étrennes, et aux jolis petits enfants sages, beaucoup de joujoux.

Le secrétaire de la rédaction de
la France nautique, Ch. Eck.

Cette histoire vraie, que nous trouvons dans un almanach du vicomte de Bragelonne, est intitulée : *la Lingère des pauvres*.

« Rue de Grenelle-Saint-Germain, dans un hôtel princier, vit sans éclat une dame portant un nom qui date des premières croisades. Elle est veuve, jolie, toute jeune encore, et n'a qu'une fille qu'elle fait instruire sous ses yeux par des maîtres qui en remontreraient à toutes les académies. Depuis cinq ans que dure son veuvage, plus d'un prétendant grand seigneur a sollicité le bonheur de le faire cesser, mais hélas ! sans y réussir. La marquise de R…. appartient à sa fille d'abord, et, devinez ensuite à qui : — aux pauvres de son arrondissement, dont elle est la mystérieuse providence, et, ce qu'il y a de plus merveilleux dans cette providence, c'est qu'elle a un cœur d'or et des mains de fée, et qu'elle travaille du matin au soir comme une simple mortelle. Cette bonne marquise a organisé dans une chambre donnant sur le jardin de son hôtel un atelier de lingerie où se trouvent trois ouvrières auxquelles viennent souvent s'adjoindre les doigts de neige de mesdemoiselles Fitz ***. On y confectionne des chemises pour les deux sexes, des camisoles, des jupons, des bonnets, des fichus taillés et rognés par elles avec une habileté à désespérer madame Payen. Ces confections à peine terminées sont aussitôt distribuées aux infortunes que lui signalent le clergé de sa paroisse et deux de ses amies qui ont accepté la mission de les découvrir.

» Faire du bien aux malheureux et en faire le plus possible est aujourd'hui la suprême joie de la marquise de R…. Aussi a-t-elle couru tous les magasins de blanc pour y trouver des étoffes au meilleur marché possible, et c'est la maison *Vendome-Hirne, rue de la Chaussée-d'Antin*, qui a obtenu le privilége de la fournir. Cette maison recommandable sous tous les rapports s'est en quelque sorte associée à cette œuvre charitable en lui vendant ses marchandises à un prix plus réduit encore qu'elle ne les vend ordinairement et qui sont déjà dans des conditions de bon marché extraordinaires. Les pauvres de la marquise de R…. doivent donc une petite part de leur reconnaissance à la maison *Vendome-Hirne*, et la marquise la lui témoigne de son côté en la recommandant à ses amies préférées et aux bureaux de bienfaisance, qui recherchent toujours la bonne qualité unie au bon marché exceptionnel. »

PARIS. TYPOGRAPHIE DE HENRI PLON, IMPRIMEUR DE L'EMPEREUR, RUE GARANCIÈRE, 8.

MAISON AMÉRICAINE

6, FAUBOURG MONTMARTRE, 6

NOUVELLES MACHINES A COUDRE

BREVETÉES s. g. d. g.

MACHINES A COUDRE A POINT NOUÉ

ET MACHINES A NAVETTE D'ATELIER, DE FAMILLE ET DE SALON.

NOS MACHINES FONCTIONNENT SANS BRUIT.

Nous avons des Guides pour ganser, faire des plis, border et ourler.

Nos Machines sont les seules qui peuvent être admises dans les familles. Elles servent à toute espèce d'ouvrages, et sont d'une élégance qui ne permet à aucune autre de rivaliser avec elles. Leur point noué devient à volonté, rien qu'en changeant les fils, une broderie ou un ornement.

PARIS. TYPOGRAPHIE DE HENRI PLON, IMPRIMEUR DE L'EMPEREUR,
RUE GARANCIÈRE, 8.